Virtuosismo e revolução

Paolo Virno

Virtuosismo e revolução

A idéia de "mundo" entre a experiência sensível e a esfera pública

TRADUÇÃO DE
Paulo Andrade Lemos

CIVILIZAÇÃO BRASILEIRA

Rio de Janeiro
2008

TÍTULO ORIGINAL
Mondanità: L'idea di "mondo" tra esperienza sensibile e sfera pubblica

ORGANIZADOR DA COLEÇÃO
Giuseppe Cocco

CAPA
Evelyn Grumach

PROJETO GRÁFICO
Evelyn Grumach e João de Souza Leite

CIP-BRASIL. CATALOGAÇÃO-NA-FONTE
SINDICATO NACIONAL DOS EDITORES DE LIVROS, RJ.

V811v

Virno, Paolo, 1952-
Virtuosismo e revolução: a idéia de "mundo" entre a experiência sensível e a esfera pública / Paolo Virno; tradução Paulo Andrade Lemos. – Rio de Janeiro: Civilização Brasileira, 2008.
. –(A política no Império; 3)

Tradução de: *Mondanità*
Inclui bibliografia
ISBN 978-85-200-0778-5

1. Mundanismo. 2. Filosofia italiana – Século XX. I. Título. II. Série.

07-2002

CDD – 195
CDU – 1(45)

Direitos desta tradução adquiridos pela
EDITORA CIVILIZAÇÃO BRASILEIRA
Um selo da
EDITORA RECORD LTDA.
Rua Argentina 171 – 20921-380 – Rio de Janeiro, RJ – Tel.: 2585-2000

PEDIDOS PELO REEMBOLSO POSTAL
Caixa Postal 23.052 – Rio de Janeiro, RJ – 20922-970

Impresso no Brasil
2008

Sumário

Premissa

Este livro reúne dois ensaios. O primeiro, propriamente filosófico, parte dos sentimentos ou dos estados de espírito de que, segundo Kant e Wittgenstein, somos tomados quando pensamos no mundo como um todo, no simples fato de ele existir e de pertencermos a ele. No caso de Kant, o sentimento que mais contribui para a formação das "idéias cosmológicas" é o do sublime; no caso de Wittgenstein, trata-se de um estado de espírito em que se mesclam maravilhamento e segurança. Mas esse é tão-somente o ponto de partida. O objetivo do texto é esboçar uma idéia de "mundo" nada metafísica, de forma a produzir um ponto de atrito com as posições de Kant e de Wittgenstein, que são, contudo, adotadas como pauta exemplar — uma idéia, se possível, nem estrondosa, nem sofisticada, mas que contribua para esclarecer o significado implícito de expressões corriqueiras como "o curso do mundo", "os perigos do mundo" e "gente do mundo". O segundo ensaio (já publicado — embora sem as notas — pela revista *Luogo comune*, número 4, de maio de 1993) tem, por sua vez, o aspecto de um pequeno (mínimo) tratado político. Nele se buscam conceitos e palavras-chave (intelecto público, multidão, intemperança, direito de resistência etc.) com os quais enfrentar a tempestade magnética que colocou em desuso as bússolas que orientavam a teoria política moderna a partir do século XVII. A tentativa é de delimitar o terreno: de forma aproximada certamente, porém completa, isto é, sem evitar nenhum dos problemas cruciais e espinhosos que caracterizam o âmbito dos negócios comuns. Esse segundo texto também pode ser entendido como uma análise crítica de alguns aspectos da obra de Hanna Arendt.

Os dois ensaios são autônomos e podem ser lidos separadamente; sob o prisma conceitual, contudo, são concatenados. Basta lembrar que o segundo, "Virtuosismo e revolução" tem como assunto principal a noção de esfera pública, que encerra o primeiro, "Mundanidade". A questão é, eventualmente, que os dois textos inscrevem-se em gêneros literários claramente distintos, até heterogêneos. Entre a Filosofia e a Teoria Política subsiste hoje um desvio, por vezes um corte, que a fatuidade não deve velar (por exemplo, estabelecendo uma definição filosófica de "política", que descarte de vez a política efetiva), mas, sim, mostrar sem disfarces. Quando se passa de um plano para o outro, é inevitável a mudança de linguagem e hábitos: não se submeter a tal mutação só demonstraria a nossa estranheza a uma das duas esferas. Quem escreve sobre política deve reconduzir inteiramente a questão do sentido e da liberdade (questão ontológica, diria o filósofo) à possível transformação dos estados de determinadas coisas (questão ôntica ou factual, especificaria o mesmo filósofo) — deve, portanto, imitar a solicitude pelos dados reais, pelos fenômenos empíricos e pelos procedimentos concretos de que dá prova Spinoza em seu *Tratado político*, quando se detém longamente sobre quantos e quais sejam os cargos eletivos que é oportuno instituir-se numa república.

Este livro é dedicado a Anna e Elio, meus pais.

Mundanidade

A idéia de "mundo" entre experiência sensível e esfera pública

Maravilhamento e segurança

1. O MILAGRE SEGUNDO WITTGENSTEIN

"A ética, se é alguma coisa, é sobrenatural", afirma Wittgenstein em *Lecture on Ethics*, proferida em Cambridge em 1930. Não se encontra rastro do significado da vida em tudo aquilo que acontece no mundo e que pode ser descrito por meio de proposições. Todavia, a procura desse significado constitui, sem dúvida, uma experiência bastante vívida. De modo que, a propósito da ética, seria preciso falar sobre *experiência sobrenatural*. Seria, porém, concebível algo do gênero? Uma experiência sobrenatural não equivaleria a um *milagre*? Em certo sentido é exatamente isto: a ética e o milagre possuem íntimo parentesco — desde que, acrescenta Wittgenstein, se compreenda adequadamente a natureza do último, subtraindo-o do horizonte positivista em que a própria tradição religiosa em geral o inscreve.

O verdadeiro milagre *não* é um fato prodigioso, que coloque em xeque as leis da física e contradiga as expectativas psicológicas. "Suponhamos que repentinamente cresça uma cabeça de leão em um de vocês e que ela comece a rugir. Seria algo realmente extraordinário. Ora, tão logo nos recuperássemos da surpresa, eu sugeriria em primeiro lugar chamar um médico para que ele examinasse o caso de forma científica, e, não havendo o risco de machucar a pessoa, eu gostaria que ela fosse dissecada. Mas, então, onde teria ido parar o milagre?" Um evento inusitado, único, espanta-nos, mas trata-se de um espanto temporário, destinado a atenuar-se e depois evaporar. Visto que acontece *no* mundo, mesmo o prodígio permanece um "fato" passível de ser descrito e analisado, a respeito do qual, por princípio, não se pode excluir uma explicação científica. É inútil procurar um significado ético naquilo que surpreende e maravilha: "Qualquer fato que vocês possam imaginar não é milagroso em si mesmo, no sentido absoluto do termo." Mas o que, então, merece ser chamado de milagre? Segundo Wittgenstein, a própria existência do mundo na totalidade dos fatos ou das possibilidades. Mais exatamente, a experiência do milagre consiste em *maravilhar-se* dessa existência, de achar extraordinário não *como* o mundo é, mas *que* ele seja. Trata-se, aqui, de um maravilhar-se inextinguível, do qual não é possível recuperar-se. O que acontece àquele que o experimenta, enquanto o experimenta? O "maravilhar-se da existência do mundo" é o estado de espírito que atesta, ao mesmo tempo, um impulso e a sua falência: impulso de olhar o mundo de fora (como um todo, justamente), de modo a colher seu significado; e malogro devido aos limites do campo visual, ou seja, devido à impossibilidade de representar o âmbito no qual está encerrado. Se não existisse o impulso ou se ele obtivesse pleno êxito, em ambos os casos não existiria "maravilhamento, que surge do choque, que marca uma *frustração instrutiva*. O milagre obscurece o ilimitado exata e exclusivamente por meio da percepção de um limite intransponível.

Wittgenstein menciona em seguida uma segunda experiência ética, isto é sobrenatural: "A experiência, poder-se-ia dizer, de sentir-se totalmente a salvo. Refiro-me ao estado de espírito em que se é levado a dizer 'Estou seguro, nada pode me causar mal, não importa o que aconteça'." Milagrosa não é a eliminação de uma ou de outra ameaça à espreita, mas a certeza de que nenhum perigo factual pode comprometer o sentido de nossa vida (já que tal sentido surge independentemente do que ocorre no mundo). O sentimento de segurança absoluta é o lado convexo, o aspecto positivo, da proposição 6.52 do *Tractatus logico-philosophicus*: "Sentimos que, mesmo na hipótese de que todas as possíveis perguntas científicas fossem respondidas, nossos problemas vitais não seriam sequer tocados de leve." Dessa opinião entende-se: mesmo que as perguntas científicas permanecessem todas indeferidas, e a natureza exercesse sobre nós um poder desmedido e aterrorizante, o que torna a vida digna de ser vivida não seria prejudicado nem mesmo arranhado. Não só permanece resguardado, abrigado, mas também é, ele mesmo, o abrigo absoluto.

De modo não diverso do *maravilhamento*, também a *segurança* tem origem na consideração tautológica de que existe um mundo. Com esta diferença: o primeiro estado de espírito deriva da tentativa inútil de representar a existência do mundo; o segundo, da inclinação a salvar-se, correlacionando o próprio destino a tal existência milagrosa em vez de aos "fatos". O maravilhamento pode sempre se transformar em segurança e vice-versa: só aquilo que maravilha de forma duradoura protege de forma duradoura. Wittgenstein observa que os sentimentos éticos, suscitados pela pura e simples existência do mundo, manifestam-se alegoricamente nos modos de dizer da religião, sobretudo nas formas mais usuais e ingênuas. Maravilhamento "é, para mim, exatamente a experiência à qual se faz referência quando se diz que Deus criou o mundo; enquanto a experiência de segurança absoluta foi descrita dizendo que nos sentimos seguros nas mãos de Deus".

2. EXISTÊNCIA DO MUNDO, EXISTÊNCIA DA LINGUAGEM

É possível um relato lingüístico adequado do milagre? "Tenho agora a tentação de afirmar que a expressão correta na língua para o milagre da existência do mundo, embora não seja alguma proposição *na* língua, seja a própria existência da linguagem." Se conseguíssemos representar com palavras a nossa faculdade de falar, disporíamos então dos termos adequados para tratar o mundo como totalidade. Mas exatamente isso, segundo Wittgenstein, não é possível: a linguagem não consegue nunca prestar contas de si mesma. Portanto, "transferindo a expressão do miraculoso de uma expressão *por meio* da linguagem para uma expressão *pela existência* da linguagem, eu só disse, de novo, que não podemos exprimir aquilo que queremos exprimir e que tudo aquilo que *dizemos* sobre o milagroso absoluto permanece desprovido de sentido".

Se a ética se enraíza na questão cosmológica (não *como* o mundo é, mas sim *que* ele é), esta última, por sua vez, compartilha por inteiro a estrutura e as aporias da auto-referência lingüística (na qual não está em jogo o que se diz, mas o próprio fato de que se fala). Quando se tenta (em vão) afirmar algo de sensato sobre a existência do mundo, estamos tentando ao mesmo tempo (não menos em vão) fixar a base da linguagem, figurá-la como um todo. Reciprocamente, toda auto-referência possui um imediato valor cosmológico, o infinito retorno das metalinguagens dá testemunho do inútil impulso de ver o mundo pelo lado de fora. Equivalentes e até mesmo intercambiáveis, as duas ordens de discurso ilustram-se reciprocamente de maneira negativa: cada uma oferece uma imagem (ou, melhor, a única evidente) do fracasso da outra. Contudo, tanto as (insensatas) proposições cosmológicas como as (insensatas) proposições metalingüísticas pressupõem sempre que exista a palavra. O verdadeiro milagre, em última instância, acontece quando *nos maravilhamos da existência da linguagem*.

Durante um colóquio com Friedrich Waismann, tendo este perguntado: "A existência do mundo é conectada ao ético?", Wittgenstein respondeu: "Que se dê aqui uma conexão, os homens a sentiram e a expressaram assim —

'o Pai criou o mundo, o Filho (ou *a Palavra*, que provém de Deus) é o Ético'." Enquanto torna possível toda e qualquer enunciação singular, a existência da Palavra (o puro e simples ter-linguagem) duplica a criação do mundo, atualizando-a continuamente. Graças à Palavra, o evento da criação se manifesta na vida dos homens, de modo que é dado avistar uma conexão tranqüilizadora entre o próprio destino e o criador.

3. O SUBLIME SEGUNDO KANT

A experiência do milagre, a que se refere Wittgenstein em *Conferência sobre ética*, não é algo diferente do sentimento do sublime analisado por Kant em *Crítica do juízo*. Não se trata de simples analogia, mas de identidade que se constata até mesmo nos detalhes. O milagre e o sublime pressupõem igual estado de espírito ou, caso se prefira, se referem à mesma *idéia de mundo*.

Recapitulemos brevemente o fenômeno do milagre, de forma a predispor nosso olhar à mudança de cena. O maravilhamento e a segurança dizem respeito, em geral, ao âmbito dos "fatos": surpreendo-me com uma cor, encontro-me protegido de uma avalanche. O que acontece quando esses sentimentos intramundanos fazem referência à própria existência do mundo e, portanto, àquilo que transcende os "fatos"? O significado de "maravilha" e de "segurança" é ampliado de forma desmedida, moldado num uso metafórico. Para Wittgenstein, porém, uma autêntica metáfora é tão-somente aquela que se pode reexpor "em prosa", comprovando assim seu conteúdo descritivo. Já expressões como "sentir-se *absolutamente* a salvo" não admitem tradução desse tipo: são metáforas irreversíveis, privadas de equivalentes literais. A ampliação, na realidade, produz *nonsense*. Mas a insensatez assim obtida, porém, não é um nada: sua "essência peculiar" consiste em documentar uma fundamental "tendência do espírito humano". Além disso, as pseudometáforas, exatamente porque atestam a impossibilidade de representá-lo como um "fato", exibem "aquilo que é mais elevado" na sua transcendência (enquanto é verdadeiramente "mais elevado", portanto). Essa exibição, negativa e por defeito, que se vale de um contra-senso, é o milagre. Longe de evitar os limites da experiência, o milagre surge precisamente da experiência do limite, ou melhor, ele consiste em compreender o impasse como um *sinal* (aliás, de *semeion*, não *teraton* — sinal, não prodígio —, é chamado o milagre no evangelho de João).

Aproximemo-nos agora, da forma mais simples e sem evitar alguns estereótipos, da reflexão kantiana sobre o sublime. Esse sentimento decorre da inclinação de apreender *na* natureza uma imagem daquilo que *da* natureza escapa; compõe uma unidade com o esforço de representar intuitivamente as idéias transcendentes da razão. A exibição sensível do incondicionado parece encontrar um ponto de apoio naqueles fenômenos empíricos, que fazem pensar na natureza como ilimitada e onipotente: "o imenso oceano levantado pela tempestade", para nos atermos ao exemplo mais usado. Mas o ponto de apoio não sustenta um peso tão oneroso. Inutilmente, a imaginação estende-se sem descanso na tentativa de encontrar um aspecto mundano para aquilo que transpõe o mundo. Sua progressiva ampliação só faz *representar sensivelmente a catástrofe da representação*. Ora, é exatamente tal catástrofe que determina aquela "disposição de espírito", a única que podemos justamente chamar de sublime. Segundo Kant, "o sublime propriamente dito não pode ser contido em nenhuma forma sensível, mas diz respeito tão-somente às idéias da razão que, embora não podendo ter representação adequada a elas, são solicitadas e chamadas no espírito exatamente por essa inadequação que, esta sim, pode ser sensivelmente representada".

Aqui, já como a propósito do milagre, está em questão uma exibição puramente negativa "daquilo que é mais elevado". Sublime (ou miraculoso) é *o valor que expressa o insucesso*. Quando faz ver em suas próprias produções o hiato intransponível que a separa das idéias da razão, a imaginação "nos faz quase intuir a superioridade" dessas idéias. A comprovada insuficiência de qualquer imagem constitui a única "imagem" possível do incondicionado: o *expõe*, justamente, como aquilo que permanece irrepresentável. Lembrando Wittgenstein, a Deus só podemos nos dirigir com expressões cuja falta de sentido evidencia o fato de que "Deus não se revela *no* mundo" (*Tractatus* 6.432).

Contudo, para não deixar escapar o ponto decisivo, o esquema esboçado acima requer um aprofundamento que, de certo modo, é uma verdadeira correção. Aquilo que exorbita da natureza, mas do que, mesmo assim, procuramos uma imagem *na* natureza (contemplando o deserto sem limites ou o oceano tempestuoso), não é outra coisa senão *a totalidade da natureza*. É o mundo em seu conjunto que se torna inatingível para a imaginação, não obstante ela se estenda ao infinito, somando ou ampliando os fenômenos intramundanos. Somente por esse ângulo prospectivo compreende-se a fórmula lapidar com a qual Kant recapitulou seu tema: "Pode-se definir assim o sublime: um objeto (da natureza) cuja representação determina ao espírito que pense como uma exibição de idéias *a impossibilidade de alcançar a natureza*" (o grifo é meu). Uma vez que não se deixa "alcançar" por nenhuma imagem, a totalidade da natureza sensível remete a algo que transcende a natureza, ou melhor, suscita o pensamento do supra-sensível. Não deve passar despercebido, contudo, o círculo virtuoso presente na definição kantiana. Aquilo que permite a exibição é *idêntico* àquilo que é exibido: a natureza inatingível *já* é sobrenatural, o sobrenatural *ainda* é natureza inatingível. Nessa duplicação do próprio cerne da experiência baseia-se a *idéia de mundo*.

Mundo é *tanto* a totalidade do contexto sensível *como* o âmbito supra-sensível no qual somos introduzidos pela "impossibilidade de alcançar" aquela totalidade. A idéia de mundo é anfíbia: duplicando-se, ela garante sempre e novamente o trânsito do aquém ao além, do finito ao incondicionado. Por mérito de tal trânsito, Kant pode concluir: "A natureza é algo que desaparece diante das idéias da razão." Quando é obscurecida pelo sentimento do sublime, *a idéia de mundo autoriza e predispõe o deslocamento do mundo*. A essa vocação autodestrutiva retornaremos adiante. Antes, porém, é preciso examinar um pouco mais de perto a completa convergência entre milagre e sublime.

4. GRANDEZA E POTÊNCIA

Como sabemos, para esclarecer o conceito de milagre, Wittgenstein evoca duas experiências diversas. O maravilhamento da existência do mundo diz respeito sobretudo à nossa faculdade de conhecer, ou melhor, instala-se próximo a seus limites. Já a convicção de estar totalmente em segurança, "não importa o que aconteça", relaciona-se com nosso destino prático. Essa bipartição corresponde exatamente à subdivisão kantiana do sublime em duas espécies fundamentais: *matemático* e *dinâmico*.

O sublime matemático, conectado à categoria da quantidade, é o sentimento que nos provoca a *grandeza* do mundo. A natureza, considerada na sua totalidade, "é maior do que qualquer comparação", incomensurável em relação à extensão e à duração dos fenômenos sensíveis. Kant observa que uma "grandeza absoluta" (*magnitudo*, não *quantitas*) só é "igual a si mesma", ou seja, tem em si a única medida adequada a avaliá-la. Isso significa que a unidade de medida de uma incomparável *magnitudo* é sua simples existência ou, também segundo Kant, sua "posição absoluta". Em relação à "imensidão da natureza" constatamos os limites de todos os nossos cálculos, mas, ao mesmo tempo, somos levados a um estado de espírito de "maravilhamento e estima" que nos sugere, embora apenas negativamente, "outra medida não sensível, que compreende aquela mesma infinitude como unidade e diante da qual tudo é pequeno na natureza". Ora, a "medida não sensível" que, sozinha, pode abraçar a grandeza do mundo é o próprio fato de que o mundo *existe*. O parâmetro ulterior, "diante do qual tudo é pequeno na natureza", é a "posição absoluta" da natureza como totalidade.

O sublime dinâmico, conectado à categoria da modalidade, é o sentimento que nos provoca a *potência* do mundo. Trata-se de uma potência irresistível, à qual estamos irremediavelmente expostos, perfeitamente inermes. Em princípio, nada podemos fazer para neutralizar as ameaças da natureza, os golpes da sorte, a dor. Entretanto, há ocasiões em que aquilo que é temível não incute medo: "se estamos seguros", conseguimos manter um distanciamento ao contemplarmos um maremoto ou uma batalha, alçando-nos por um momento para além das forças às quais normalmente estamos entregues. O estado de espírito assim experimentado, no qual se misturam a máxima impotência e o máximo domínio de si, revela, porém, uma verdade não contingente: a independência do Eu moral em relação aos condicionamentos factuais, a sua participação em uma "segunda natureza supra-sensível" na qual "a humanidade de nossa pessoa" é salvaguardada das coações do mundo. A segurança casual transforma-se em segurança absoluta assim que descobrimos "uma faculdade de nos preservar diferente daquela que pode ser atacada e colocada em perigo pela natureza externa".

Matemática maravilha, segurança dinâmica. Grandeza que apela à causa da existência, potência que dá acesso à ética: a unidade ou interação recíproca entre esses dois aspectos constitui, como veremos, a pedra angular da idéia de mundo. Que o milagre e o sublime tenham uma mesma e única articulação deve permanecer, por ora, o fato proeminente. Para completar, acrescente-se que é comum a ambos a familiaridade com o *desprazer*, ou melhor, com um desprazer que traz em si o próprio antídoto. A experiência milagrosa se parece com um choque doloroso: "Minha tendência [...] foi a de me atirar contra os limites da linguagem. Esse atirar-se contra as paredes da nossa jaula é perfeitamente, absolutamente desesperado." Ainda assim, conclui Wittgenstein, "a tendência, o choque, *indica alguma coisa*". A ruína de encontro à qual vai a exposição está em harmonia com aquilo que se queria expor, o choque traz consigo alívio. Do mesmo modo, para Kant, se realmente há "algo de terrível para a sensibilidade" nas suas relações como o infinito ("que para ela é um abismo"), a nítida desproporção entre este e aquela resulta, essa sim, *proporcional* às idéias da razão. Portanto, mesmo sendo o sublime "um sentimento de desprazer que nasce da insuficiência da imaginação", ele provoca uma satisfação ascética ("prazer negativo", escreve Kant), já que exatamente aquela insuficiência destaca a transcendência da razão e, por assim dizer, louva-a.

5. ICONOCLASTIA

Em *Lições de estética*, Hegel mostra a afinidade, mas também a distância, entre o conceito de sublime e a noção corriqueira de milagre. Suas observações permitem fixar mais uma vez, com um rápido olhar, as posições de Kant e de Wittgenstein, bem como a minuciosa consonância entre elas.

Segundo Hegel, o sublime exprime "o sentimento da própria finitude e de sua insuperável distância de Deus". No mundo caduco, abandonado a si mesmo, não há nada que se preste a representar a "essência positiva" da divindade. O sublime é *iconoclasta*. Interdita ou desvaloriza toda e qualquer mediação figural. Tem seu ápice na poesia hebraica, que "coloca a única substância por si como senhor do mundo contra a totalidade das criaturas". Já Kant havia escrito: "Talvez não haja no livro das leis dos judeus uma passagem mais sublime do que este mandamento: 'Não farás nenhuma imagem ou figura daquilo que está no céu.'" E Wittgenstein, sabemos, não deixa de assinalar a falta de sentido das (pseudo)metáforas éticas e religiosas. Além disso, Hegel identifica o epicentro do sublime exatamente na constatação elementar que, para Wittgenstein, é fonte de milagroso maravilhamento: "Deus é o criador do universo. Esta é a expressão mais pura do próprio sublime. O Senhor, a substância única, se manifesta, sim, mas o tipo de criação é a manifestação mais pura, em si mesma incorpórea, etérea — a *palavra*, a manifestação do pensamento como potência ideal, por cujo comando de existir o existente é posto verdadeiramente, de modo imediato, em muda obediência." A palavra é, portanto, o único intermediário humano com a desmedida potência criadora de Deus. Mas o meio consiste na palavra como *faculdade*, e não nas imagens que ela a cada vez pode forjar. E a palavra como faculdade, ou seja, o próprio fato de que haja a palavra, não é menos irrepresentável do que o evento sublime por antonomásia: a criação. Acontece assim que o maravilhamento da existência do mundo se transforme constantemente em maravilha pela existência da linguagem.

Somente quando o sentimento do sublime desvenda o do infinito do mundo sensível, torna-se concebível algo como a exceção prodigiosa. Escreve Hegel: "Por esse modo de pensar, que permite colher a via natural das coisas e fazer valerem as leis da natureza, é que o *milagre* também conquista, pela primeira vez, seu lugar. Em um terreno no qual a conexão intelectual é constantemente infringida, no qual tudo é tirado da sua ordem e colocado sem pé nem cabeça, não pode haver milagre algum." O sublime, com o seu *pathos* da distância e da incomensurabilidade, permite apreciar "a ruptura, operada por uma força superior, da conexão habitual". E, todavia, explica Hegel, "esses milagres não são, porém, uma expressão verdadeiramente específica do sublime": eles, com efeito, expõem a intervenção de Deus no mundo, enquanto o sublime faz pensar tãosomente na desproporção irredutível entre um e outro. Mas, diria Wittgenstein, os fatos prodigiosos para os quais falta ainda uma explicação não são *nem mesmo* autênticos milagres.

Na acepção wittgensteiniana, realmente milagroso é somente aquilo que Hegel atribui ao sublime para distingui-lo do milagre-prodígio: "O sublime propriamente dito deve ser buscado, ao contrário, no fato de que *todo o mundo criado aparece em geral finito, limitado*, não se sustentando nem se apoiando sobre si mesmo, e sobre essa base só pode ser considerado um acessório à glória e ao louvor de Deus." No *Tractatus* (6.45), o mesmo ponto é assim expresso: "Sentir o mundo como todo limitado é o Místico." O Místico, isto é, o milagre, isto é, o sublime.

6. SUBLIME *TRACTATUS*

A conexão examinada até aqui não deixa inalterado o entendimento de cada uma das partes ligadas. A identidade entre milagre e sublime redunda tanto em Wittgenstein como em Kant, colocando sob luz diferente as questões postuladas por cada um deles.

Por um lado, é preciso reconhecer que o tema do sublime constitui o fio condutor de todo o *Tractatus logico-philosophicus*, assim como a chave explicativa de seu arcabouço retórico. Dificuldades e equívocos nascem do fato de essa obra, além de analisar a gênese e a peculiar estrutura lógica do sublime, ser também um *exemplo* dele. Mostra em sua própria parábola a desproporção de que trata. O significado de muitas asserções no *Tractatus* muda sensivelmente, caso sejam consideradas asserções sublimes em si ou asserções *sobre* a experiência do sublime em geral.

Basta pensar na quase proverbial “instrução de uso”, que conclui, e ao mesmo tempo denigre, toda a exposição: “Minhas proposições são esclarecedoras neste sentido: aquele que me compreende por fim as reconhece como insensatas, caso tenha ascendido por elas — sobre elas — para além delas. (Ele deve, por assim dizer, jogar fora a escada depois de ter subido.) Ele deve superar essas proposições; é então que ele vê o mundo corretamente” (6.54). Aqui, Wittgenstein descreve seu livro como exibição apenas negativa de “idéias da razão”: livro sublime, portanto. Mas o *Tractatus* é, ao mesmo tempo, uma reflexão sobre o “impulso” que leva a renovar incessantemente essa exibição, como também sobre as formas em que ela se dá. Desse segundo ponto de vista, o que realmente conta *não* é a denunciada inadequação da representação, *mas* o modo específico com que tal inadequação deve ser, todavia, representada (*falando* daquilo que não pode ser dito, de forma que se torne evidente sua inefabilidade). Encontrar recorrentemente uma escada a ser jogada fora depois de ter subido por ela é a fundamental experiência sublime. Fundamental, mas também conclusiva: só “vê honestamente o mundo” quem, tendo percebido bem a falta de sentido do *Tractatus*, reproduz sempre mais uma vez todo o percurso.

Por outro lado, é preciso incluir na kantiana “Analítica do Sublime” um dos aspectos que, segundo a *Lecture on Ethics*, caracterizam o milagre. Viu-se que Wittgenstein estabelece íntima relação entre maravilhamento do mundo e maravilhamento da linguagem; em suma, entre criação e palavra: "O Pai criou o mundo, o Filho (ou a Palavra, que provém de Deus) é o Ético". Kant, por seu lado, é *veterotestamentário*: descuida do Filho, não dando destaque ao sentimento do sublime que acompanha o esforço de representar intuitivamente a linguagem como totalidade. Todavia, é fácil constatar que o contraste das faculdades, ou seja, a insuficiência da imaginação em relação à razão, equivale sob qualquer aspecto à irredutível discrepância que separa aquilo-que-se-diz do fato-de-que-se-fala. De modo que a ampliação da imaginação deve ser compreendida também como tentativa vã de expressar a existência da linguagem por meio de uma sucessão infinita de asserções.

Considerado numa perspectiva *neotestamentária*, o sublime refere-se à Palavra não menos do que à Criação; refere-se tanto à idéia de mundo como à linguagem. E não só: dado que são formalmente idênticos e substituíveis reciprocamente, o sublime mundano e o lingüístico podem até se entrecruzar numa espécie de *quiasma*. Nesse caso, tem-se acesso ao pensamento da Criação por meio de uma representação empírica cuja fonte se encontra sobretudo no âmbito da Palavra, e vice-versa. Dito de outro modo, o quiasma articula-se assim: fenômenos *intramundanos* que remetem negativamente, por manifesta desproporção, à *existência da linguagem*; fenômenos *intralingüísticos* que remetem negativamente, por manifesta desproporção, à *existência do mundo*. No momento, essa hibridização entrecruzada parece apenas uma variante de pouco valor, nada mais do que inócuo "enriquecimento". Mas não é assim. O quiasma está destinado a desempenhar um papel decisivo logo que tentamos reformular numa chave antimetafísica aquela "impossibilidade de alcançar a natureza" (ou a Palavra), que constitui a arquitrave da idéia de mundo (ou da idéia de linguagem, respectivamente). É então que a versão *oblíqua* do sublime, por sua vez modificada na forma e no conteúdo, mostra-se não como mera *chance* em meio a outras, mas como o passo necessário para pensar o mundo sem pagar o preço de sua simultânea ultrapassagem.

A raiz emotiva da cosmologia

1. O PRINCÍPIO INCONDICIONADO

O sublime é a tonalidade emotiva das idéias cosmológicas, as quais Kant discute extensamente em "Dialética transcendental", de *Crítica da razão pura* (Livro 2, capítulo II, "A antinomia da razão pura"). O capítulo sobre os conceitos acerca dos quais a razão se ilude em compreender "o complexo de todos os fenômenos (o mundo)" segue-se àquele dedicado às idéias psicológicas (cuja pretensão é determinar positivamente o Eu puro) e precede o exame das idéias que miram o Ser Supremo. A *cosmologia rationalis* ocupa posição intermediária entre a *psychologia rationalis* e a *theologia trascendentalis*. Sob o aspecto sistemático, pensar o mundo pressupõe pensar o Sujeito e prepara o pensar Deus.

Embora coloque todas as idéias da razão num mesmo plano, considerando-as todas "inevitáveis aparências" ou erros necessários, Kant não deixa de enfatizar o traço que distingue radicalmente as cosmológicas das outras duas espécies de "raciocínios dialéticos". Enquanto as idéias psicológicas e as idéias teológicas dispõem de um objeto transcendental próprio e específico (o Sujeito Puro ou Deus), sem dúvida alheio a toda experiência empírica, a idéia do mundo é só "um modo como se apreende a realidade dos objetos sensíveis". Ela não persegue um *quid* ignoto, mas limita-se a observar, de uma perspectiva peculiar, aquilo que é habitual. Não ambiciona o sobrenatural, contentando-se em conceber a natureza fenomênica como *totalidade*. Terrânea em sua aparência, essa instância revela-se, contudo, inexecutável. Os fatos e os estados de coisas do mundo sensível não se deixam jamais conhecer em sua *inteira* concatenação, nunca se submetem a uma síntese *completa*. A totalidade dos fenômenos naturais transcende toda e qualquer possível experiência da natureza. "As idéias cosmológicas têm de seu apenas o fato de que podem pressupor como dado o próprio objeto e a síntese empírica requerida para seu conceito; e a questão que delas surge só concerne à progressão dessa síntese, enquanto deva abarcar a totalidade absoluta, a qual já nada tem de empírico, não podendo dar-se em nenhuma experiência." É apenas o caso de notar que os aspectos característicos da idéia metafísica de mundo, traçados aqui por Kant, amoldam-se igualmente bem à idéia metafísica da linguagem. Ela também se distingue das idéias psicológicas e teológicas porque "pode pressupor como dado o próprio objeto" (nomes, asserções e locuções de todos os tipos); também consiste, unicamente, em certo modo de olhar os habituais fenômenos empíricos; enfim, também transcende tais fenômenos pelo simples fato de os considerar uma "totalidade absoluta" (só a linguagem em seu conjunto elude toda e qualquer expressão lingüística, ou seja, a totalidade das possíveis expressões lingüísticas).

As idéias cosmológicas concernem ao nexo entre condição e condicionado. Se o conhecimento empírico decorre deste para aquela, e depois para a condição da condição, e ainda depois para o infinito, a razão, por sua vez, procura interromper a "série ascendente regressiva", indicando um princípio absolutamente *incondicionado*. A tentativa de concluir a série de condições, de forma a poder entendê-la na sua completude ou totalidade, explica-se, segundo Kant, ao longo de quatro diretrizes. Quatro são, portanto, as idéias cosmológicas. Kant as subdivide em dois grupos: enquanto a primeira e a segunda têm a ver com o "incondicionado *matemático*", isto é, com os princípios dos quais depende "a composição dos fenômenos tanto no grande como no pequeno", a terceira e a quarta idéias cosmológicas são voltadas ao "incondicionado *dinâmico*", isto é, aos princípios dos quais depende a própria existência dos fenômenos mundanos. Porém convém mencioná-las uma a uma. A *primeira*: considera-se a "grandeza inteira" do mundo, perguntando-se se ele tem ou não início no tempo e se é ou não limitado quanto ao espaço. A *segunda*: considera-se a completa decomposição de um fenômeno, perguntando-se se, por fim, deparamos ou não com algo indivisível, ou melhor, simples. A *terceira*: considera-se "a totalidade absoluta da origem do fenômeno", perguntando-se se ele deriva apenas de causas naturais ou também de uma "causalidade por liberdade". A *quarta*: considera-se o conjunto de condições que torna possível uma existência contingente, perguntando-se se há ou não "um ser absolutamente necessário" que a justifique e a sustente.

O objetivo dessa parca enumeração é circunscrever com exatidão os pontos de sutura entre o sentimento do sublime e a *cosmologia rationalis*. Não há dúvida de que o estado de espírito pelo qual somos tomados diante da incomparável *magnitudo* da natureza tem muito a compartilhar com o pensamento da duração total do tempo e da extensão total do espaço (ou seja, o pensamento do tempo e do espaço como "continentes de todas as coisas reais conectadas"). *O sublime matemático se refere, portanto, à primeira idéia cosmológica*. Do mesmo modo, não há dúvida de que o sentimento de nossa inermidade, e, contudo, também de nossa independência, em relação à natureza seja correlacionado ao pensamento de que, determinando a série completa de suas condições, a inermidade resgata a existência contingente (caso se queira: ao pensamento que postula a necessidade de tal contingência). *O sublime dinâmico se refere, portanto, à quarta idéia cosmológica*. Além disso, uma vez que a cada uma das duas espécies de sublime corresponde uma ou outra experiência do milagre atestada por Wittgenstein, poderíamos nos expressar também assim: toda vez que seja colocado um fim ideal à "série ascendente regressiva" da quantidade, experimenta-se o maravilhamento da existência do mundo; toda vez que se leva à conclusão a "série ascendente regressiva" da contingência, sentimo-nos absolutamente a salvo. Agora está totalmente resolvida a dupla constelação que constitui a motivação, assim como a trama material destas páginas. Por um lado: milagrosa maravilha, sublime matemático e primeira idéia cosmológica. Por outro: milagrosa segurança, sublime dinâmico e quarta idéia cosmológica.

2. "A IMPOSSIBILIDADE DE ALCANÇAR A NATUREZA"

O sublime é a tonalidade emotiva das idéias cosmológicas. Mas longe de juntar-se à idéia como um halo ou um embelezamento, a tonalidade é sem dúvida aquilo que consente a sua formação e determina o seu conteúdo. Portanto, em vez de buscar na *cosmologia rationalis* a matriz do estado de espírito sublime, é preciso partir deste para decifrar o efetivo significado daquela. Segundo a proposição 6.45 do *Tractatus,* "a visão do mundo *sub specie eterni* é sua visão como totalidade delimitada. O sentimento do mundo como totalidade delimitada é o sentimento místico". A primeira frase sintetiza as idéias cosmológicas, a segunda indica a tonalidade emotiva nelas incluída. O "sentimento", porém, não é uma conseqüência da "visão", mas sim sua premissa. É preciso, portanto, inverter a ordem de leitura: é o sentimento do mundo como totalidade delimitada que provoca sua visão *sub specie eterni.* Wittgenstein adota explicitamente a nova seqüência na *Lecture on Ethics*; tanto é que, ali, a cosmologia só aparece como o efeito de estados de espírito, como o maravilhamento e a segurança.

Já sabemos que o sentimento do sublime surge quando a imaginação se empenha sem sucesso em representar *na* natureza a *totalidade da natureza* (ou, então, em representar na linguagem a totalidade da linguagem). Está em questão, inicialmente, apenas o sensível tomado em seu conjunto: não a relação dos objetos ou dos fatos sensíveis, mas o sensível como *contexto* no qual se inscrevem cada objeto e cada fato. Para tal contexto, que Kant denomina "totalidade da natureza", não há imagem adequada. Pelo contrário: ele é evocado por contraste, exatamente pelo nítido fracasso de qualquer imagem que se lhe queira imaginar. A idéia de mundo apresenta-se, em primeiro lugar, como "*impossibilidade de alcançar a natureza*". Uma natureza impossível de "alcançar", porém, parece algo que ultrapassa a natureza. A totalidade do sensível é tão-somente a estreita porta que dá acesso ao supra-sensível. O princípio que completa a "série ascendente regressiva" das condições empíricas é heterogêneo e incomensurável em relação à própria série. A idéia de mundo apresenta-se, em segundo lugar, como *ultrapassagem do mundo*.

Essa duplicação produzida pelo sentimento do sublime é o único conteúdo da *cosmologia rationalis*. A inatingibilidade da natureza gira em torno de si mesma até se converter em afastamento da natureza: a doutrina metafísica do mundo só faz liberar-se daquela "realidade dos objetos sensíveis" à qual se aplica de modo exclusivo. Viu-se que as idéias cosmológicas, de modo diferente das conjecturas especulativas sobre a alma ou sobre Deus, não têm um *quid* sobrenatural ao qual se dedicar, mas consistem somente numa especial consideração dos fenômenos empíricos. Pode-se, porém, apreender plenamente o significado de tal modéstia aparente. Na privação um privilégio é inerente: exatamente porque não são vinculadas a um objeto específico transcendente, as idéias cosmológicas têm por tema a *transcendência em geral.* Constituem, portanto, o fundamento no qual se baseiam todos os demais "raciocínios dialéticos".

Em *Crítica da razão pura*, a idéia de mundo, do modo como está separada do estado de espírito que determina a sua gênese e a sua trama, limita-se a ladear a *psychologia rationalis* e a *theologia trascendentalis*, ou melhor, é encapsulada entre uma e outra. Mas, no momento em que se percebe aquele estado de espírito, todo alinhamento se torna insustentável. O sentimento do sublime confere à *cosmologia rationalis* posição assimétrica e prioritária em relação às outras partes da "Dialética Transcendental". De tal assimetria, devem ser sublinhados dois aspectos estreitamente correlacionados.

Ao primeiro, aludiu-se pouco antes: uma vez que tem por "objeto" a transcendência em geral, a idéia de mundo é condição de possibilidade das idéias (psicológicas e teológicas) que, no entanto, se atêm a um determinado objeto transcendente; ela determina, além disso, a via de acesso ao uso prático da razão, isto é, à lei moral. O pensamento a respeito da alma e de Deus não apenas pressupõe pensar a natureza como totalidade, mas, em certa medida, estão incluídos nela (basta lembrar que na terceira idéia cosmológica faz-se a hipótese de uma "causalidade por liberdade" e, na quarta, um "ser absolutamente necessário"). Eis, contudo, o segundo e decisivo aspecto da questão: a idéia de mundo ganha posição prioritária e desempenha papel fundamental só por ser uma idéia espúria, desprovida de consistência autônoma, comprometida unicamente em superar-se. A instância da totalidade, se referida ao sensível, comporta a dissolução do próprio campo aplicativo: "A natureza é algo que desaparece diante das idéias da razão." O que torna possíveis os raciocínios claramente transcendentais é, portanto, o pensamento de uma natureza prestes a extinguir-se. A cosmologia é, sim, um fundamento, mas (ainda pelo fato de ter como único "objeto" a transcendência em geral) um fundamento radicalmente negativo: realiza sua tarefa arruinando-se.

3. O MUNDO NO ÚLTIMO DIA

O fulcro da idéia metafísica de mundo é o *fim do mundo*. A visão cosmológica coloca-se sempre no ponto do tempo que encerra todo e qualquer tempo; antecipa aquele Último Dia no qual a natureza, permanecendo "enrijecida e, por assim dizer, petrificada", mostrará a inalterável completude que concerne àquilo que agora está abandonado e ultrapassado. Somente na perspectiva de sua exaustão o universo pode ser concebido em conformidade com a proposição 6.45 do *Tractatus*: como "totalidade delimitada", logo "*sub specie eterni*". Só com a parada apocalíptica do devir manifesta-se a "condição incondicionada" à qual em vão tende à regressão ao infinito que caracteriza a investigação sobre as conexões dos fenômenos empíricos.

A inspiração antimundana da idéia de mundo é explicitada por Kant num breve texto de 1794, cujo significativo título é *O fim de todas as coisas* (*Das Ende aller Dinge*). Por que, pergunta-se Kant, temos o impulso de ver o mundo do ponto de vista do seu fim, isto é, como um "todo absoluto"? Por que, podemos também dizer, temos necessidade de idéias cosmológicas? Eis a resposta: "A razão diz aos homens que o perdurar do mundo só tem valor enquanto os seres racionais que estão no próprio mundo obedecerem à finalidade de sua existência; mas se essa finalidade não fosse alcançada, a criação em si lhes pareceria desprovida de finalidade, como uma obra teatral sem epílogo." A idéia do fim do mundo (ou melhor, embora seja o mesmo: do mundo como totalidade completa) esclarece, portanto, que, na condição de seres mortais, temos uma "destinação supra-sensível", independente do curso dos eventos mundanos. Dito de outra forma, aquela idéia (cosmológica e, por isso, apocalíptica) indica que: "O sentido do mundo deve estar fora dele. No mundo tudo é como é, e tudo acontece como acontece; não há nele valor algum — e nem se houvesse teria valor" (*Tractatus* 6.41).

A passagem do tempo à eternidade — diante da qual são postos tanto o homem que morre como o cosmo que se precipita no Último Dia — é, segundo Kant, "um pensamento tremendo e *sublime* ao mesmo tempo". Ele tem em si "algo de aterrorizante [...] e, todavia, também atraente": aterrorizante porque "deparamos com o *fim de todas as coisas* enquanto seres no tempo e objetos de possível experiência"; atraente porque a catástrofe do mundo sensível "é ao mesmo tempo, na ordem moral das finalidades, o início de uma duração exatamente desses seres enquanto seres supra-sensíveis". Como sempre acontece a propósito do sublime, também aqui se está diante de uma nítida discrepância: o pensamento do mundo no seu epílogo mostra-se inadequado ao pensamento da eternidade; o "fim de todas as coisas" mostra de maneira somente negativa a "duração totalmente incomensurável do tempo". Mas aqui a discrepância não concerne mais à relação entre imaginação e razão, mas sim àquela entre os diversos "raciocínios dialéticos". As idéias cosmológico-apocalípticas, desproporcionadas pelo excessivo respeito aos fenômenos mundanos, também o são, *mas por defeito*, em relação às idéias que concernem à alma imortal e seu Deus.

Perfila-se assim um *sublime elevado à segunda potência*. Suscitado por contragolpe pela incapacidade da imaginação de representá-lo, o pensamento sobre o universo como "totalidade delimitada" suscita por sua vez, mas só negativamente (em virtude da sua própria insuficiência), o pensamento sobre objetos autônomos transcendentes (alma e Deus). Além de constituir a raiz e o molde da idéia de mundo, o sentimento do sublime determina também a relação (negativa e desproporcional por defeito, justamente) que ela mantém com as demais idéias da razão.

4. TOTALIDADE OU CONTEXTO?

O mundo é, ao mesmo tempo, demasiado e demasiadamente pouco: *excessivo* para a imaginação, pela qual não se deixa jamais alcançar; *excessivamente pouco* para a razão, que só o compreende como trâmite negativo às idéias psicológicas e teológicas. Trata-se então de interpretar aquele demasiado, de maneira que ele não implique mais o "demasiadamente pouco" (ao contrário do que ocorre em Kant e em Wittgenstein), mas que, em vez disso, o exclua. Em outras palavras, se no esquema metafísico "a impossibilidade de alcançar a natureza" é apenas a premissa profana de superação da natureza, aqui, vice-versa, querer-se-ia explicar tal "impossibilidade", isto é, a inelutável superabundância do *contexto* sensível em relação ao conjunto dos fenômenos aí inscritos, com base numa constelação conceitual que interdite desde o início sua duplicação transcendente. Como se verá, o primeiro passo consiste em separar a noção de contexto da instância de *totalidade*; ao mostrar que a superabundância contextual é inconciliável — ou até mesmo oposta — com a *completude* típica de um "todo absoluto". É exatamente a assimilação do "contexto" pela "totalidade" que faz com que a idéia de mundo tenha como único conteúdo a ultrapassagem do mundo.

Como garantir um refúgio diante da ameaçadora contingência dos eventos? Como interromper a regressão ao infinito, de modo a poder reconhecer e salvaguardar o significado da nossa existência? Desnecessário dizer que a reformulação materialista da idéia de mundo não deve evitar esses problemas vitais, mas formulá-los de outra maneira. Para tal fim, é necessário voltar a definir novamente as experiências que confluem, respectivamente, para o *sublime matemático* (ou maravilhamento da existência do mundo) e para o *sublime dinâmico* (ou sentimento de absoluta segurança). Mas sabemos que o sublime é a tonalidade emotiva na qual estão articuladas as idéias cosmológicas, de modo que discutir a propósito daquela tonalidade seguindo um novo fio condutor significa também, ao mesmo tempo, considerar com outros olhos essas idéias.

A pesquisa ulterior sobre o sublime matemático tem como principais etapas: a correlação entre o tédio e a regressão ao infinito, a análise do sensível como puro contexto, a modalidade do possível e o quiasma entre linguagem e mundo. O exame do sublime dinâmico articula-se em torno dos seguintes temas fundamentais: a dialética de temor e abrigo, o "perturbador" como categoria ética, o estado de espírito infantil da repetição ou "mais uma vez", o intelecto como bem comum, o conceito de esfera pública.

Natureza bruta

1. TÉDIO E FELICIDADE

O sublime matemático é o sentimento que acompanha a *regressão ao infinito* em todas as suas formas. Estas múltiplas formas podem ser reconduzidas a duas espécies principais: *regressão cosmológica* e *regressão lingüística*. Matematicamente sublimes são, portanto, a vertigem e a angústia de que somos tomados quando procuramos, em vão, uma medida adequada para avaliar a incomensurável grandeza do mundo sensível *ou* a incomensurável grandeza da linguagem. "A imaginação sucumbe indo de encontro ao imensamente longínquo, onde o mundo mais distante possui sempre um outro ainda mais distante, o passado remoto possui sempre um outro ainda mais remoto diante de si"; e da mesma forma sucumbe a imaginação quando, querendo dar conta do próprio fato de que falamos, envisca-se na hierarquia ascendente das metalinguagens (cada uma das quais pressupõe sempre outro grau superior, numa interminável fuga para trás). Kant afirma que as idéias da razão são "solicitadas e chamadas ao espírito" pela inadequação da representação, desde que tal inadequação seja, "contudo, sensivelmente representada". Ora, a regressão ao infinito, dado que oferece uma imagem da lacunosidade de toda e qualquer imagem possível, é a única ocasião que permite *representar a inadequação da representação*. Só essa regressão, portanto, solicita e evoca no espírito a idéia de mundo ou a idéia de linguagem. Só ela merece ser considerada sublime.

Em *Ciência da lógica* (Livro I, seção II, "Quantidade"), Hegel dedica uma "Nota" à intimidade crucial do sublime matemático com a "má infinidade" (logo depois, em outra "Nota", ele se detém, com perfeita conseqüencialidade, na *primeira* idéia cosmológica kantiana). Escreve Hegel: "A má infinidade, principalmente na forma da progressão [mas leia-se também regressão] do quantitativo ao infinito (essa contínua ultrapassagem do limite, que é a impotência de o suprimir e a perene recaída nele), costuma ser considerada com um quê de sublime e uma espécie de culto [...]. Nos fatos, porém, essa sublimidade moderna não torna grande o objeto que, pelo contrário, escapa, mas somente o sujeito, que traz em si quantidades tão grandes. A pobreza de uma tal enlevação sempre subjetiva, que sobe a escala do quantitativo, mostra-se por aquilo que no seu trabalho vão confessa não se aproximar mais da meta infinita." Ultrapassar o limite sem, contudo, o cancelar, mas sim recaindo sempre e recorrentemente nele: a que se deve, em última instância, esse castigo de Sísifo, de que a "sublimidade moderna" se orgulha? A uma espécie de melancólico paradoxo, segundo o qual a salvação está vinculada por um fio duplo ao perdurar da doença. Quer dizer: a idéia (de mundo ou de linguagem), à qual a regressão tende como seu *completamento*, é exibida unicamente pela *incompletabilidade* da série regressiva; só se não tiver fim, a marcha para trás faz pensar naquilo que a faria cessar. Tem-se, assim, um movimento petrificado ou, melhor, uma ativa paralisia, cuja prerrogativa é fomentar um invencível *sentimento de tédio*.

O sublime matemático está correlacionado, infalivelmente, ao *tédio*. No fato que "um limite desapareça e depois se reapresente e de novo desapareça e de novo se reapresente e de novo desapareça" está intrínseca uma monótona repetição, da qual está banida a própria possibilidade de imprevisto. O milagroso maravilhamento da existência do mundo (ou da linguagem) é diametralmente oposto à surpresa, sendo bastante afim ao estado de espírito opressivo que percebe quem está lidando com uma *tautologia* mil vezes reiterada. A regressão ao infinito é, ao mesmo tempo, a causa e a forma lógica do tédio. Esforçando-se inutilmente em conseguir uma visão de conjunto do mundo e da linguagem, ela esvazia a experiência, ou seja, distancia e *distrai* dos fenômenos concretos mundanos ou lingüísticos. O falso movimento que supera o limite só para confirmá-lo gera profunda *indiferença* (senão até mesmo aborrecido *incômodo*) por tudo aquilo que acontece e por tudo aquilo que se diz. Os estados de coisas sensíveis e as asserções determinadas sob o ponto de vista do conteúdo se perdem, sem que lhes seja reconhecida importância autônoma, já que só figuram como ocasionais pretextos para remeter a um enésimo degrau na hierarquia dos pontos de vista cosmológicos ou das metalinguagens, respectivamente. Um intolerante desinteresse circunda todo discurso individual e todo e qualquer fato, quando nada mais conta senão elaborar um novo "discurso sobre o discurso" ou identificar uma ulterior "condição da condição".

A regressão ao infinito mantém-se constantemente *em suspenso*: "sem ação, sem movimento, sem calor e quase sem dor". Mostrando a "nulidade de todas as coisas", ela estabelece o *vazio* em torno de si. E é exatamente nesse vazio que o tédio, às vezes comparado à caligem ou à impalpável neblina, parece estabelecer sua morada: "Parece-me", escreve Leopardi, "que o tédio seja da natureza do ar, o qual preenche todos os espaços interpostos às outras coisas materiais e todos os vãos contidos em cada uma delas."

Para o autor de *Zibaldone*, o tédio, porém, não equivale de modo algum à ausência de paixões; pelo contrário, ele mesmo é a paixão predominante, tão radical e difusa que com freqüência permanece inobservada. Mais precisamente, "o tédio é o desejo de felicidade, deixado, por assim dizer, em seu estado puro": nem impedido, nem satisfeito, até mesmo privado de um objeto para mirar. E um desejo de felicidade, isto é, de irrevogável satisfação, percebe-se igualmente na regressão ao infinito. O que acontece com tal desejo? Também a felicidade parece ter a "natureza do ar": não se coagula em fatos ou palavras, mas concerne ao tecido conectivo, à atmosfera, ao *contexto* das palavras. O tédio e a regressão infinita (ou melhor, o tédio *como* regressão) articulam a índole "contextual" ou "atmosférica" da felicidade com um paroxístico excesso de zelo: *opõem* o contexto aos fatos e às palavras que, de vez em quando, se associam, desvalorizando e negando estes em nome daquele. É assim que o "puro" desejo de felicidade transforma-se de imediato no "sentimento vivo da nulidade de todas as coisas". Mas no momento em que nada mais há para conectar, o tecido conectivo se desagrega e também ele se desfaz. O tédio e a regressão destroem, por fim, exatamente o contexto ao qual pareciam agarrar-se. Ou melhor, reduzem-no a um *pressuposto* inapreensível: o contexto assume os semblantes espectrais de uma metalinguagem sempre anterior, de uma condição cosmológica ainda mais determinante. Tédio e regressão dispersam a própria "atmosfera" da nossa vida: aquela atmosfera que, sozinha, podia colorir-se de felicidade.

O sublime matemático tem origem no ímpeto vão de representar toda a grandeza do mundo ou toda a grandeza da linguagem. É o sentimento de regressão ao infinito. A repetitividade uniforme desta última mantém-se em suspenso e torna-se indiferente. Entedia. O sublime matemático (ou miraculosa maravilha), com a sua vertigem monótona, nunca é isento de tédio. Todavia, a regressão ao infinito *não* é um fenômeno originário, a despeito do qual a pesquisa deva ser interrompida; é apenas uma articulação peculiar e questionável de modos de ser igualmente fundamentais. Trata-se agora, justamente, de indicar a *experiência de mundo,* da qual a regressão cosmológica constitui uma torção específica. É preciso, pois, em segundo lugar, acenar à *experiência da linguagem*, da qual a regressão metalingüística oferece uma imagem derivada e unilateral. Só por esse caminho é possível abordar novamente, sob um ângulo visual diferente, o problema que coloca um "desejo de felicidade, deixado, por assim dizer, puro".

2. CONTEXTO SENSÍVEL

A propósito do sublime matemático, Kant menciona várias vezes uma "*natureza bruta*", a ser considerada "simplesmente grande". De modo diferente do belo, que concerne à forma do objeto, "a qual consiste em sua limitação", o sublime pressupõe a ausência de forma, o ilimitado, o caos. Esse aspecto tão conhecido, ou melhor, tão banalizado, exige contudo atenção especial. Brutos, para Kant, são os estados de coisas caracterizados por pouca ou nenhuma articulação: céu nublado, geleiras sem pontos de apoio, extensões de areia. A informidade é, portanto, predicado que só se aplica a uma parte circunscrita da realidade sensível. Parece lícito, todavia, atribuir outro significado, e mais comprometedor, à expressão "natureza bruta", que aqui se refere a um *modo de manifestar-se* da natureza em geral. Não está em jogo um rol de objetos particulares (o oceano, o deserto etc.), mas a *aparência* potencial de qualquer objeto. Todo fenômeno natural, embora muito articulado e até mesmo "belo", pode sempre se apresentar, sob certas condições ou sob certo aspecto, como algo amorfo ou indeterminado. Nesse sentido, a falta de forma não é mero déficit, mas característica fundamental de todo o mundo sensível; ou melhor, do sensível *enquanto* configura um mundo.

Perguntemo-nos, antes de mais nada, como e quando o ser sensível toma a aparência de um *ser bruto*. O ponto de partida é a peculiar alteração da visão, que o sentimento do sublime traz consigo. Ele incide, por assim dizer, no próprio funcionamento do nervo óptico, abolindo a *meia distância* e, conseqüentemente, a *perspectiva*. Prejudicada fica a *paisagem*, com seus detalhes bem marcados, suas proporções pitorescas e seus pontos de fuga. A natureza se retira na linha do horizonte ou cai sobre nós; é o fundo que inclui ou a matéria imediatamente circunstante (mais tangível que visível), em que se está sempre imerso. Permanece apenas o que se delineia na extrema distância ou que, ameaçando de perto, dilata-se num amálgama indistinguível. Afastando-se de Kant, poder-se-ia afirmar: o estado de espírito do sublime, mais que se inspirar a partir de objetos naturais informes, constitui a ocasião privilegiada, na qual a natureza no seu conjunto manifesta-se como *natureza amorfa*.

Ocasião privilegiada, mas não única. O sublime limita-se, pelo contrário, a extrapolar e a exibir com nitidez exemplar um aspecto presente em toda experiência perceptiva, até mesmo a mais despojada. Dá relevo emotivo a um desempenho específico do aparelho sensorial: desempenho imprescindível, mas aparentemente secundário ou intersticial. A meia distância é perdida no *golpe de vista*, no qual o olhar não se detém sobre uma entidade definida, mas tem como único objeto o próprio campo visual em sua inteira, porém nebulosa, extensão. A meia distância, porém, decai sobretudo quando olhamos as coisas de *rabo de olho*, de soslaio, lateralmente. Nem perspectivo, nem paisagístico, tudo aquilo que se amontoa às margens da visão é confinado ao fundo ou se encontra tão próximo que é inerente ao tato. Demasiado distante ou demasiado próximo, não se deixa focalizar de modo algum: é "natureza bruta", justamente. Porém, dado que em qualquer visão há uma região liminar — uma borda opaca —, uma parte do ser visível permanece sempre amorfa, não "elaborada" pela representação, não desagregável.

Seria erro crer que a informidade da natureza dependa de certas prerrogativas fisiológicas da sensação. Pelo contrário, o olhar pelo canto de olho pode tornar-se um fenômeno relevante ligado até mesmo a um *estado de espírito*, só porque a natureza em relação a nossa existência é já, desde sempre, informe. O olhar de esguelha nada possui de arbitrário ou de "subjetivo" — ele transpõe, enfim, os limites de uma psicologia da visão. Ele encobre no plano empírico uma *experiência de mundo* fundamental. Reevoca-a toda vez desde o princípio com o típico imediatismo da percepção sensorial. Para expor essa experiência, em si perfeitamente "objetiva", perguntamo-nos *o que é* o ser natural que se manifesta como ser bruto. Já não conta mais, agora, o modo ou a ocasião de tal manifestação, mas seu conteúdo. O que é a natureza que mantém sempre contornos incertos? O que é o sensível que mostra a si mesmo realmente, *se só permanece desfocado*?

Bruto é o ser visível que não se condensa naquelas unidades discretas, independentes uma das outras, às quais corresponde o título de "objetos". A ausência de forma faz com que a natureza se apresente como um *continuum* compacto, um múltiplo não sujeito à síntese, uma matéria envolvente. (Poder-se-ia dizer: os "objetos" decompõem-se num *continuum* incomensurável, quando a representação visual imita as modalidades perceptivas dos sentidos a ela heterogêneos, tentando, portanto, dar conta daquilo que diz respeito exclusivamente ao tato, à audição, ao paladar e ao olfato. Bruto é o ser sensível eternamente contíguo, limítrofe, *circunstante*: influi de forma decisiva sobre o que ocorre no centro da cena, mas não toma parte na comédia. *Bruto* é o sensível que *se curva*, espalhando-se ao lado e atrás daquele que olha. Bruto é o sensível que não está nunca *de frente* (diferentemente de um "objeto", justamente), mas sempre e apenas *ao redor*. Bruto, em resumo, é o sensível como puro e simples *contexto*; ou melhor, como o contexto no qual estão colocados todos os entes, no qual ocorrem todos os fatos e ressoa qualquer discurso).

Se o oceano ou o deserto, ou outros fenômenos singulares, estão fora de questão, nem se trata mais dos clássicos efeitos de um olhar de soslaio. A matéria, em seu conjunto, é sempre amorfa como *contexto* de nossa existência. Por outro lado, a matéria delineia um contexto, isto é, um *mundo*, justamente porque é também amorfa; se fosse articulada e especificada sob cada um dos seus aspectos, constituiria apenas uma "esfera vital", isto é, um *ambiente* (aquele ambiente ao qual o animal está confinado de forma unívoca e definitiva). No contexto informe se está *situado*; no ambiente hiperestruturado se está *incluído*: pertence-se ao primeiro sem, contudo, aderir completamente a ele (tratando-se, justamente, de matéria genérica ou indeterminada); está-se vinculado ao segundo, até os mínimos detalhes, de forma não diferente de como se está vinculado a uma prótese funcional. Experimentar a "natureza bruta" significa, portanto, experimentar o mundo. Mediante a percepção do sensível contextual, não se conhece decerto *como é* o mundo, mas avista-se, maravilhado, *que* ele é.

O contexto material, exatamente como a "totalidade da natureza" da qual fala Kant, escapa a toda e qualquer representação. Não há imagem adequada para um *continuum* privado de escansão, para um múltiplo refratário à síntese, para um sensível perenemente desfocado. Não há asserção em condições de "espelhar" aquilo que não está *de frente*, mas a toda a volta. A matéria amorfa, já que permanece inatingível para a faculdade representativa, merece o nome de *sensível não empírico*. Todavia, a índole iconoclasta do *contexto* não tem nada para compartilhar com a da *totalidade*: a aparente analogia encobre, pelo contrário, uma antítese radical.

Enquanto a "totalidade da natureza" é irrepresentável porque só pode ser *pensada*, o contexto material, por sua vez, é irrepresentável porque só pode ser *percebido*. No primeiro caso, há conceitos depurados da sensação; no segundo, sensações sem conceitos. Além disso, o irrepresentável *pensamento* da natureza como totalidade elimina seu próprio objeto, isto é, a natureza, evocando sobretudo uma "destinação supra-sensível"; ao contrário, a *percepção* do contexto, também excedendo a representação, atesta um ser sensível que transcende as funções sintéticas do "Eu penso". A "natureza bruta" é percebida por meio de uma miríade de *pequenas percepções* infinitesimais, que excedem a autoconsciência, circunscrevendo seu campo de ação e limitando seus poderes. Percebo muito mais do que tenho consciência de perceber; muito mais, portanto, daquilo que posso representar. Mas é exatamente esse *excedente perceptivo* que situa o sujeito da percepção num exorbitante contexto material, correlacionando-o preliminarmente "com todo o resto do universo". Com efeito, o estado de espírito que Kant chama de sublime matemático brota da insanável desproporção entre sensível bruto e natureza formada, olhar "pelo canto do olho" e visão perspectiva, *continuum* contextual e unidades discretas, pequenas percepções e autoconsciência.

A natureza amorfa que serve de contexto para toda experiência e toda representação não falta nunca (como o horizonte), num certo sentido, mas, em outro, permanece sempre *irrealizada*, como uma possibilidade definitivamente impedida de acontecer. Infalível, mas apenas *potencial*: eis a característica preponderante do sensível bruto (ou não empírico), aquela que resume e esclarece as outras até aqui examinadas. Subsiste materialmente esse sensível circunstante e desfocado, mas na forma de pura *dynamis*, de *potência irrealizável*. Um ente bem-formado, caracterizado por determinadas propriedades essenciais, é "possível" se ainda não existe (conforme Kant, se a seu conceito não se acrescenta uma sensação); quando vem a existir, torna-se um ente "real", ou seja, um ente cujas propriedades essenciais encontraram a realização. Em sentido inverso, a falta de forma, que em seguida equivale à falta de qualquer propriedade essencial, implica existência separada da realização, ou seja, existência tão-somente potencial. A matéria genérica ou informe que constitui o âmbito no qual se inscrevem todos os entes bem-formados existe desde sempre, sem por isso abandonar o *status* de "possível", sem por isso ascender à categoria de "real" (a propósito da natureza bruta, seria preciso dizer: ela é eternamente "possível", porque provoca sensações às quais nunca se acrescenta um conceito).

Parafraseando Merleau-Ponty, que mencionou uma "carne do mundo", parece oportuno fazer referência ao sensível contextual como à *carne do possível*. "Carne", porque esse possível também é matéria visível e tangível: pressiona as margens do olhar, ameaça de perto curvando-se ao redor e é exibida pelas percepções que ultrapassam a representação. "Do possível", porque a existência dessa matéria não comporta — pelo contrário, exclui — uma realização, mas faz-se valer como *dynamis* absoluta ou virtualidade irrealizável.

A irrealizabilidade é, portanto, um aspecto constitutivo do mundo. A tradição metafísica compreende mal o ponto, até inverter seu sentido, quando concebe o mundo-contexto como uma *totalidade* inalcançável pelo intelecto finito. De fato, o contexto material é irrealizável devido à sua permanente potencialidade, e certamente não a um limite cognitivo; pelo contrário: a totalidade ultrapassa o conhecimento humano exatamente porque consiste na *total realização* de qualquer potencialidade. Totalidade inatingível, contexto irrealizável: as duas expressões à primeira vista solidárias acabam sendo, pelo contrário, antípodas e incompatíveis. A cosmologia metafísica faz pensar em um mundo focalizado sob todos os seus aspectos: realizado, completo e concluído. A razão, escreve Kant, "exige a totalidade, não excluindo de sua exigência nem mesmo o infinito, tornando até inevitável que o pensemos como *inteiramente dado* (em sua totalidade)". E inteiramente dado, isto é, redimido de toda e qualquer contingência residual, é também o mundo como "totalidade delimitada" a respeito da qual discorre Wittgenstein no *Tractatus*.

Assim que se tente realizar (como totalidade) a duradoura potencialidade do mundo-contexto, precipita-se na *regressão ao infinito*. Dito de outra forma, a regressão cosmológica tem origem no momento em que se troca aquilo que é apenas *possível* por algo *incompleto*. A tentativa de dar forma à "natureza bruta" não tem nenhum êxito, ou melhor, resolve-se na "má infinidade" denunciada por Hegel. Querendo determinar de modo completo o "entorno" contextual, quase como se fosse um articulado "de frente", remete-se sempre, de novo e em vão, à "série ascendente regressiva" das condições cosmológicas. A cada passo, com *tediosa* repetitividade, repropõe-se idêntico o limite que parecia superado. Do próprio fato de que a regressão é inconclusiva, pode-se discernir um testemunho indireto da irrealizabilidade do mundo-contexto (ou seja, da persistente potencialidade do sensível amorfo). Para Kant e Wittgenstein, porém, essa impossibilidade de conclusão, imputada sobretudo à insuficiência do intelecto humano, indica apenas que a totalidade é uma idéia *transcendente*. A conclusão da série regressiva é garantida por uma "condição incondicionada" supra-sensível, cujo reconhecimento requereria ir para além do mundo caduco. É assim que "a impossibilidade de alcançar a natureza" *bruta* converte-se na ultrapassagem da natureza em geral.

A idéia metafísica do mundo como totalidade postula a sub-reptícia realização daquilo que é constitutivamente "possível": por isso, repetimos, por um lado gera a interminável regressão cosmológica, por outro a "conclui", recorrendo a um princípio extramundano ou, em suma, transcendente. É preciso perguntar, agora, se para o mundo como contexto material, ou melhor, para a *carne do possível*, há também uma idéia adequada, uma medida, uma expressão. Qual é, enfim, a "idéia", o *eidos*, a aparência do sensível apenas potencial? Para responder, convém acenar à *experiência fundamental da linguagem*, continuamente traída (isto é, revelada e, ao mesmo tempo, distorcida) pela infinita regressão metalingüística.

3. PAI E FILHO

Lembremo-nos do que Wittgenstein escreve em *Lecture on Ethics*: "Tenho a tentação de dizer agora que a expressão justa na língua para o milagre da existência do mundo, embora não seja alguma proposição *na* língua, é a existência da própria linguagem." O evento da Criação (existência do mundo) duplica-se no evento da Palavra (existência da linguagem); este prolonga e espelha aquele. Entre os fatos da existência do mundo e da linguagem, vigora, segundo Wittgenstein, a mesma relação que une o Pai ao Filho no Novo Testamento: "O Pai criou o mundo, o Filho (ou a Palavra, que provém de Deus) é o Ético." Dar conta discursivamente da existência da linguagem, logo, daquilo que permite qualquer discurso, significaria também exprimir o mundo como "totalidade delimitada"; uma auto-referência realmente bem-sucedida resolveria ao mesmo tempo a questão cosmológica. Para Wittgenstein, contudo, não há enunciado capaz de representar o próprio fato do qual se fala: como o Pai "não revela *a si mesmo no* mundo" por ele criado, também o Filho, isto é, a Palavra, não *se* revela *na* língua. O impasse ao qual é destinada a auto-referência lingüística constitui a versão "neotestamentária" do sublime matemático kantiano: é exatamente a inevitável falência, com efeito, que indica a cada volta ao início, pelo choque com o limite, a "natureza divina" da Palavra (ou seja, do Filho).

Ao final da *Lecture*, Wittgenstein admite que, falando do bem e do significado da vida, ele se propunha a "exatamente ir para além do mundo, *ou seja*, da linguagem significante" (grifo meu). Único e idêntico é o limite, única e idêntica seria a ultrapassagem. Mas é assim tão óbvio o "ou seja"? Em que se apóia a convicção de que a transcendência do mundo coincide inequivocamente com a transcendência da linguagem? Ao supor tal coincidência, está-se autorizado, ou melhor, obrigado a pressupor uma férrea conexão entre nomes e objetos, asserções e fatos, expressões significantes e estados de coisas intramundanos. Para que tenham as mesmas margens e um limite comum, é preciso que a linguagem e o mundo sejam co*extensivos* e se correspondam biunivocamente, ponto por ponto. É a relação *denotativa* entre palavras e coisas, aparente emblema do "aquém", a expor um *idêntico* (e, subentende-se, inatingível) "além".

A cumplicidade explícita entre denotação e transcendência instiga, por contraste, uma seqüência de perguntas radicais. Que conseqüências comporta o abandono do pressuposto de coextensividade, ou seja, a crítica da "correspondência" entre asserções e fatos? Uma vez que o limite do mundo não mais coincide com o limite da linguagem, a ultrapassagem do primeiro *não* implica a do segundo. Mas eis a pergunta ulterior: se diferenciada e bifurcada, a transcendência ainda é a transcendência? O "ou seja" era apenas uma determinação adicional sua ou constituía seu fundamento? Quando se considera o "além" do mundo *distinto* do "além" da linguagem, ainda se lida, tanto em um como em outro caso, com um efetivo "além"? Uma vez desfeita a simbiose denotativa, a linguagem e o mundo mostram por inteiro as suas assimetrias e as suas heterogeneidades: em vez de espelharem-se reciprocamente como redes paralelas, interseccionam-se e limitam-se reciprocamente e assim se ultrapassam. Mas, então, não seria preciso pensar que o "além" do mundo recaia *na* linguagem (deixando assim de ser um "além")? Que a existência do mundo seja *significada* por certos modos de dizer não aparentes? E, inversamente, não seria preciso pensar que o "além" da linguagem recaia *no* mundo (deixando assim de ser um "além")? Que a existência da linguagem seja *situada* num esmagador contexto sensível?

Estas perguntas, obviamente retóricas, não são nada além de placas de sinalização: indicam uma direção de argumentação que aqui só pode ser percorrida num sobrevôo.

4. A INSERÇÃO DA LINGUAGEM

Quando constatamos com maravilhamento que a linguagem existe, não estamos nos referindo ao conjunto de todas as proposições possíveis, mas à possibilidade de enunciar qualquer proposição que se queira. A linguagem é uma *faculdade*, ou melhor, existe como potencial que nunca se realiza completamente. Entre a língua e o sensível bruto pode-se perceber uma analogia estrutural: de forma similar ao contexto percebido pelo canto do olho, também o ter-palavra é uma inexaurível virtualidade que não conhece fim, ou melhor, que é realizada à perfeição exatamente enquanto permanece não concretizável ou "amorfa". A linguagem não *está para* o mundo (nem o espelha, nem corresponde a ele), mas compartilha com o mundo o modo de ser de uma *dynamis* inconsumível. A regressão infinita das metalinguagens (cuja *sublime* falência parece aludir à natureza transcendental da Palavra-Filho) surge, de fato, da tentativa de representar a faculdade de falar como uma *totalidade inteiramente dada*. De forma não diferente da regressão cosmológica, ela aspira a completar, ou, melhor, a realizar aquilo que é, porém, apenas possível.

A faculdade de palavra, ou seja, o simples poder-dizer, não é, todavia, posse garantida: tanto é que na infância não se pode *ainda* dizer, e diante de distúrbios afásicos, não se pode *mais* dizer. Se a criança é um afásico em direção à cura, o afásico é uma criança crônica. Ambos limítrofes, um ingressa na linguagem, o outro é expulso dela como um inquilino inadimplente. Encontram-se no limite, em que ingresso e saída coincidem. A existência da linguagem como faculdade, sempre malograda pela marcha para trás do discurso-sobre-discurso, é exibida sobretudo pelos fenômenos lingüísticos conectados ao *fazer-se* e ao *desfazer-se* da palavra (para citar o título do famoso livro de Roman Jakobson, dedicado, justamente, à simetria entre linguagem infantil e afasia). Essa exibição do próprio fato de falar (como "fato" terrâneo e incerto, ele também afligido pela contingência) não seria possível, todavia, se só estivesse em questão um silêncio coagido ou, resumindo, um déficit empírico. Assim, a experiência da criança e do doente, para os quais a linguagem é virtualidade ou latência, não permanece situada na periferia do comportamento verbal, mera determinação negativa, parênteses cronológico ou patológico. Pelo contrário, essa experiência da linguagem como algo que *pode* ser, à qual se tem acesso ou da qual se é privado, perpassa o discurso íntegro e bem-formado, e é continuamente atestada por algumas de suas prestações bem-acabadas.

Há funções e estruturas *eficientes* da língua que refletem a pobreza do afásico: modos de falar regulares que retiram sua forma lógica de um bloqueio da comunicação. A incompletude e a virtualidade da linguagem são mostradas por locuções em que nada falta: o "ainda não" e o "não mais" do poder-falar encontram articulação positiva em enunciados saturados e dúcteis. Ora, nas regiões do discurso normal que guardam em si a experiência afásica, dela oferecendo o lado convexo, é preciso reconhecer o lugar de uma radical *auto-reflexão* da palavra humana. Exatamente ali, com efeito, a linguagem dá conta de si como de um *evento*, já que mostra que ela *é* (enquanto a locução se dá sem empecilhos), quando poderia *não ser* (enquanto a locução reforça os caracteres peculiares de um certo não-poder-falar). É esse um tipo de auto-reflexão em choque com a idéia metafísica de uma linguagem sempre *pressuposta* a si mesma; portanto, completamente estranha à interminável fuga para trás das metalinguagens. Trata-se, sobretudo, das expressões corriqueiras que, tendo raiz "afásica", evidenciam limites *em palavras* e na friabilidade da palavra, ou melhor, evocam *eloqüentemente* a eventualidade de o elóquio não acontecer.

Aos sinais de reconhecimento de um dos principais tipos de afasia corresponde, ponto por ponto, com minuciosa precisão, o arcabouço lógico da *modalidade do possível*. As fórmulas propositivas usuais com as quais se desenvolve um discurso hipotético ("é possível que..." etc.) constituem o *pendant* em alto-relevo, em si completamente bem-sucedido, de uma limitação específica da competência comunicativa. Esse isomorfismo, exposto algures com pretensões demonstrativas e abundância de detalhes, aqui só pode ser esquematizado com enfoque apodíctico.

Os enunciados concernentes ao possível são definidos como "contextos opacos" por Willard V. O. Quine (no ensaio *Reference and Modality*) porque, neles, a correspondência entre as palavras e as coisas (da qual depende a "transparência" do discurso) parece faltar, suspensa indefinidamente por uma espécie de tempestade magnética. A crise da denotação, ou seja, a opacidade do contexto é provada, segundo Quine, pelo fato de o sujeito gramatical do enunciado modal não poder ser substituído sem inconvenientes por termo idêntico. Esclareçamos com um exemplo. Uma vez estipulada a identidade entre dois signos lingüísticos, por exemplo, "Tegucigalpa = capital de Honduras", para estabelecer se, em determinada afirmação, o nome "Tegucigalpa" é usado com intenção denotativa (ou melhor, se *está para* alguma coisa), basta substituí-lo pelo equivalente "capital de Honduras": se a troca não alterar o sentido da afirmação, "Tegucigalpa" tem, com certeza, valor referencial. Mas justamente uma troca desse tipo é interditada por um "contexto opaco". Se no enunciado modal "é possível que Tegucigalpa deixe de ser a capital de Honduras", substituo "Tegucigalpa" por seu sinônimo e obtenho um estrepitoso absurdo: "é possível que a capital de Honduras deixe de ser a capital de Honduras."

A indisponibilidade da substituição demonstra que, quando está em jogo o possível, o sujeito gramatical não assume nenhum papel denotativo, já que seu significado está estreitamente vinculado ao *contexto*, cuja proeminência, além de entravar a "relação biunívoca entre os nomes e a realidade", desautoriza, ao mesmo tempo, e pelos mesmos motivos, o emprego da metalinguagem. Para fixar a identidade entre os dois nomes ("Tegucigalpa" e "capital de Honduras"), que é a única que permite expressar a correspondência entre nome e objeto, é necessário falar do próprio código, ou seja, desenvolver um discurso *sobre* o discurso. É evidente que esse movimento metalingüístico não é possível quando a opacidade do contexto impede, desde o princípio, que se equipare o sujeito gramatical a qualquer outro termo. Denotação, identidade e metalinguagem são conceitos solidários: permanecem juntos ou caem juntos. A modalidade do possível revoga a inteira confraria.

A expressão "contexto opaco" é certamente sugestiva, porém pleonástica: com efeito, quando faltasse a opacidade, não existiria nem mesmo um contexto. Quando este último faz valer sua própria obrigatoriedade, a "correspondência" entre palavras e coisas é *sempre* opaca. Conjeturar (com Quine) um "contexto transparente", no qual a referencialidade do nome e as operações metalingüísticas tenham livre curso, é apenas um modo pudico de aludir à abolição conceitual da própria noção de "contexto". Portanto, evitando o pleonasmo, é justo afirmar (contra Quine) que a modalidade do possível, longe de constituir uma perturbação ocasional, mostra a índole contextual da linguagem em geral (o ser-em-contexto de todo falante). Melhor dizendo, a modalidade do possível mostra *a inserção da linguagem no mundo.*

Consideremos agora o nexo entre discurso sobre o possível e um certo déficit afásico. Roman Jakobson distingue duas espécies fundamentais de afasia. Na primeira, está prejudicada a capacidade de *selecionar* no interior do código lingüístico os termos a serem empregados, enquanto permanece intacta a aptidão de *combinar* elementos dados daquele mesmo código: sabe-se prosseguir uma frase iniciada, mas não iniciar uma nova. Já na segunda espécie está preservada a função seletiva e arruinada a combinatória: limita-se ao *incipit* de frases que, contudo, não se consegue desenvolver. Pois bem, os enunciados característicos da presença do possível são os correspondentes não patológicos do primeiro tipo de afasia.

Quando está lesada a faculdade de *selecionar*, sobrevive o tecido conectivo da proposição, mas desmoronam os termos dotados de acentuada autonomia. "Os elementos mais acessíveis", escreve Jakobson, "são aqueles úteis para construir frases, as assim chamadas palavras acessórias, como as conjunções, os pronomes etc. [...] Já o substantivo inicial da frase apresenta a dificuldade máxima." O *primado do contexto* acompanha a *crise do sujeito* gramatical. O afásico move-se com segurança e habilidade em certo âmbito discursivo, mas se afunda na areia movediça quando se aproxima da fronteira. O vínculo contextual, que se tornou ferrenho pelo distúrbio da seleção, comporta a absoluta impossibilidade de *substituir* um termo isolado por outro de valor *idêntico*, assim como a atrofia factual da metalinguagem. "Um locutor normal", observa Jakobson, "sabe também falar da linguagem em si": se teme não ser compreendido quando usa a palavra "champanhe", poderá substituí-la prontamente por "vinho espumante francês" ou por "vinho branco frisante", discorrendo, em suma, no próprio código em que se expressa. Essa é, exatamente, a manobra que está inibida no afásico: "Esse uso da linguagem para tratar da linguagem [...] nos afásicos com distúrbio de seleção é deficiente."

Os inconvenientes e as esquisitices que Quine atribui à modalidade do possível são também os sintomas da patologia estudada por Jakobson. Como no contexto opaco "é possível que Tegucigalpa deixe de ser a capital de Honduras" não é permitido *logicamente* substituir "Tegucigalpa" pelo equivalente "capital de Honduras"; da mesma maneira, para o afásico, é *materialmente* impossível traduzir "champanhe" como "vinho espumante francês". O critério de substituição, defendido por Quine para determinar o uso denotativo do nome, é um campo minado para o enfermo. Do substantivo singular ele perde rapidamente tanto o significado como a referência: com efeito, como está obstruída a comutação intralingüística de "champanhe" para "vinho espumante francês", evapora-se o conteúdo semântico de cada um dos dois termos e decai sua capacidade de *estarem em correspondência* a um certo objeto. A afasia em questão paralisa ao mesmo tempo a função denotativa e a metalingüística, demonstrando assim, por via negativa, a íntima associação entre uma e a outra: "a carência afásica da capacidade de denominar é devida precisamente a uma perda da metalinguagem."

É apenas uma, mas decisiva, a diferença entre o comprometimento patológico da função seletiva e os enunciados sobre o possível. A *mesma* indigência que, ali, é assinalada pela interrupção do discurso, resulta, aqui, de um discurso plenamente realizado e completo, ou é inerente à plena presença da palavra. Na modalidade do possível, a limitação não se explica como mortandade dos nomes, mas inocula-se na forma lógica da enunciação. Em vez de se resolver na inatingibilidade de certos elementos do código lingüístico, o déficit "afásico" concerne, agora, à posição de todo o código em relação ao círculo da experiência vital. Esse círculo, e não mais o tecido conectivo da frase, é o que vai delinear o âmbito inelutável ao qual o falante se remete sem possuir o *incipit*, com aptidão somente "combinatória". Para quem diz "é possível que...", o *contexto* incontornável, que prevalece sobre o sujeito, é o *mundo sensível* ao qual se pertence. Em vez de denotarem este último como algo em relação ao qual se está "de frente", os enunciados modais inscrevem-se como "palavras acessórias", que articulam e conectam, mas não começam.

Uma vez transposta na modalidade do possível, isto é, no discurso regular, a experiência afásica que Jakobson descreve como "evasão da identidade em direção à contigüidade" diz respeito, portanto, à própria relação entre linguagem e mundo. Essa relação consiste numa interpretação incompleta, numa decifração sempre falha. O functor modal "é possível que" mostra o limite hermenêutico da palavra humana em relação ao contexto sensível no qual ressoa; mostra, portanto, como a enunciação, não sendo jamais completada, situa-se num âmbito extralingüístico que a ultrapassa e que permanece opaco.

Todavia, afirmar que a modalidade do possível expõe a relação entre linguagem e mundo como relação de decifração carente pode dar margem a equívocos. O risco é dar aval a uma imagem caricata de um mundo pressuposto à (e independente da) linguagem, que depois resulte parcialmente refratário ao ser representado com nomes e asserções. Obviamente não é assim. Pelo contrário, é exatamente a fraqueza hermenêutica da linguagem que faz o mundo ser "mundo". Só quando a palavra mostra seu déficit de decodificação em relação ao âmbito não lingüístico, este último se apresenta como um contexto insuperável, configurando assim, justamente, um *mundo*. Com uma pitada de paradoxo, poder-se-ia afirmar: *o mundo é constituído lingüisticamente por aquilo que, na linguagem, manifesta a incompletude, ou limitação, da linguagem em relação ao mundo*. Por fim, o fato de os homens terem um "mundo" (em relação ao qual a compenetração é sempre imperfeita, o atrito não resolvido, a orientação parcial e precária) em vez de um "ambiente" (no qual, pelo contrário, se está integrado de forma irrevogável como no líquido amniótico), é devido aos *limites da linguagem*, e não mais à sua potência representativa.

5. QUIASMA

Recapitulemos: a existência do mundo como *contexto* — inalcançável pela infinita regressão cosmológica, cujo alvo é realizar o contexto como *totalidade* inteiramente dada — é vivenciada no fenômeno da "natureza bruta" ou sensível, apenas circunstante e sempre potencial. A existência da linguagem como *faculdade* — nunca tocada pela infinita regressão metalingüística, mais propensa a realizar a faculdade como *totalidade* completamente em ação — é vivenciada nas locuções bem-formadas que, reproduzindo a estrutura lógica da afasia, realçam o poder-dizer no pano de fundo de suas limitações, seus estrangulamentos e eclipses. A mais importante das locuções regulares de matriz "afásica" é a modalidade do possível. Ela faz notar, com efeito, a relação que a linguagem mantém com o mundo material: uma relação deficitária e determinante ao mesmo tempo (ou melhor, determinante justamente porque deficitária), da qual estão excluídas toda a coextensividade e toda a "correspondência". A interseção entre *contexto* e *faculdade* constitui o verdadeiro centro de gravidade do estado de espírito, que Kant chama de sublime matemático, e Wittgenstein, de miraculoso maravilhamento. Essa interseção possui a forma de um quiasma: contexto e faculdade se entrecruzam como as abscissas e as coordenadas; melhor dizendo, cada um dos dois termos é *para além*, a *medida*, a *condição incondicionada* do outro.

Em primeiro lugar, a modalidade do possível exibe a inscrição da linguagem *no* mundo, ou seja, mostra como o próprio poder-dizer está incluído em um exorbitante contexto sensível. Nesse sentido, o mundo circunscreve e ultrapassa a palavra: é o seu *além*. Por outro lado, contudo, a contextualidade da natureza bruta só vem à luz em virtude da inserção, nela, do discurso articulado; é a palavra acabada ou "afásica" que institui continuamente o âmbito que excede a palavra. Nesse sentido, a linguagem dá acesso ao mundo: é seu *além*. Longe de implicar uma única e idêntica transcendência (que teria por conteúdo a unidade do Pai-Criador com o Filho-Palavra), linguagem e mundo, faculdade e contexto, poder-dizer e sensível informe, transcendem-se reciprocamente ou, o que é a mesma coisa, reciprocamente se limitam. O "além" *mundano* da linguagem não é, porém, um autêntico "além", mas sim algo que ainda pode ser *percebido*. Igualmente, o "além" *lingüístico* do mundo não é um autêntico "além", mas sim algo que ainda pode ser ainda *proferido*.

Em segundo lugar, tanto o contexto como a faculdade possuem o modo de ser de uma *dynamis* irrealizável, de uma persistente virtualidade. Justamente por isso, porém, nem o contexto nem a faculdade dispõem de um aspecto definido, de uma aparência autônoma, de uma expressão adequada a eles. Aquilo que é só potencial, o sensível amorfo ou o poder-dizer, não tem em si mesmo o próprio *eidos*, a própria medida, a própria fisionomia. Esse ponto é velado por Kant, quando afirma que o impasse no qual incorre a imaginação ao avaliar "a imensidade da natureza" evoca "uma outra *medida não sensível*"; mas também por Wittgenstein, para quem o choque contra os limites da linguagem revela, por assim dizer, uma *medida não lingüística* da nossa faculdade de palavra. Mas para Kant, porém, "a medida imutável [isto é, não sensível] da natureza é a sua absoluta *totalidade*". E a totalidade, coincidindo com a total realização, desfigura e apaga o caráter eternamente potencial do mundo-contexto e da linguagem-faculdade. Como ficam, então, as coisas? É bem verdade que uma *dynamis* inatuável só encontra a própria medida (ou idéia) fora de si, em algo *heterogêneo*: mas esse algo, embora de gênero diferente, só pode ser, por sua vez, pura *dynamis*. A inexaurível potencialidade do sensível bruto procura uma fisionomia, um *eidos*, uma "medida não lingüística" para a faculdade de linguagem. Reciprocamente, o poder-dizer constitui a aparência heterogênea, o *eidos*, a "medida não sensível" da natureza amorfa e desfocada, ou seja, daquilo que antes denominamos a *carne do possível*. Desprovido de imagem própria, o contexto irrealizável oferece porém um aspecto à faculdade irrealizável; e esta oferece uma aparência oblíqua àquele.

Em terceiro lugar, a interseção entre linguagem e mundo conclui, ou melhor, *interrompe* tanto a regressão cosmológica quanto a regressão metalingüística. É o êxito comum de ambas. E mais: é o ponto no qual a marcha linear para trás revela a sua própria *curvatura* originária, ou seja, trai a si mesma, mostrando não ser de fato uma "regressão", mas sim, justamente, um movimento circular.

A monótona espiral do discurso-sobre-discurso cessa assim que se refere ao lado não lingüístico da interseção entre linguagem e mundo: sua "condição incondicionada" é o contexto sensível que delimita e situa o próprio poder-dizer. Essa "condição" resulta efetivamente "incondicionada" (isto é, determinante, mas não determinável), porque é *heterogênea* à série que dela depende. A regressão metalingüística é completada pela percepção da natureza bruta; termina, portanto, com *metabasis eis allo genos*, com uma passagem a outro gênero de experiência. De resto, como se viu, exatamente e apenas a natureza bruta dá a "medida" da linguagem (aquela medida ou *eidos* que o discurso-sobre-o-discurso persegue em vão). De modo completamente análogo, a regressão cosmológica se exaure e cessa quando alcança a sua heterogênea "condição incondicionada": a faculdade de palavra que, inscrevendo-se nele, institui o mundo-contexto. Também em tal caso, tem-se uma passagem a um outro gênero: as pequenas percepções infinitesimais, que escapam à representação e acenam ao sensível apenas contextual, encontram realização translada ou oblíqua integração na experiência do poder-dizer. De resto, como, aliás, se observou, exatamente e apenas a *dynamis* irrealizável da língua busca uma "medida", ou seja, um *eidos*, para a natureza bruta.

6. "UM PUDOR ASSIM TÃO INDOLENTE"

Qual é o estado de espírito correlacionado à *interrupção* da regressão cosmológica e metalingüística, que se reputava infinito? Qual tonalidade emotiva acompanha (ou melhor, manifesta) o quiasma entre faculdade de linguagem e o sensível amorfo? Em resumo, qual é o *sentimento do contexto*? Se a regressão ao infinito é causa de tédio, e o tédio, segundo Leopardi, é "o desejo de felicidade deixado, por assim dizer, puro", é preciso pensar que, detendo a regressão, esse desejo puro possa tomar um semblante bem diferente do tédio.

A interminável fuga para trás das metalinguagens ou dos pontos de vista cosmológicos é animada, sabemos, pela pretensão de compreender como uma totalidade atual aquilo que só existe no modo do possível; tal pretensão se dispersa na idéia de felicidade — esta é concebida como completa passagem da potência ao ato, portanto, como absoluta "realização" de nós mesmo no mundo e do mundo em nós mesmos; todavia, uma vez que a *dynamis* inatuável difere continuamente da sua própria realização efetiva, a aspiração à felicidade inverte-se fatalmente no "sentimento vivo da nulidade das coisas", isto é, no tédio. Como se manifesta, ao contrário, a busca do "bem que se deseja para si mesmo e nunca com vistas a outrem" (assim Aristóteles define a felicidade), uma vez provada a irrealizabilidade constitutiva do mundo (e de nós nele)? Não está mais em questão, evidentemente, um progressivo esvaziamento da *dynamis*, mas a capacidade de *habitar* a própria "carne do possível". Essa capacidade consiste em fazer reverberar a eterna potencialidade do mundo-contexto em cada evento único e em cada objeto único. O fato realizado ou a coisa bem-determinada deixam transparecer em contraluz algo bruto ou amorfo, em suma, uma pátina contextual: entre as suas propriedades essenciais, é preciso enumerar também o poder-ser-de-outra-maneira, uma durável suspensão entre decursos antitéticos, a contingência não resolvida. A conservação integral do conjunto de possibilidades encerradas num particular *hic et nunc* caracteriza a experiência do mundo subtraída à regressão ao infinito. Se radicado em tal experiência, o desejo de felicidade se contém com solicitude junto aos *fatos* e às *coisas* (é, melhor dizendo, o "sentimento vivo"), já que cada fato ou cada coisa pode expor em si, devido a uma espécie de milagre triturado, a *dynamis* do contexto ao qual pertence. Nas palavras de Walter Benjamin: a instância da felicidade se detém sobre uma vendedora de peixes de New Haven, fotografada no início do século, enquanto ela "olha para o chão com um pudor tão indolente, tão sedutor", porque, "no ser de um certo modo daquele segundo longínquo, aninha-se ainda hoje o futuro", isto é, o possível.

Mas esses são apenas sinais alusivos. Para apreender plenamente o estado de espírito que caracteriza a interrupção da regressão ao infinito e invade a experiência do mundo-contexto, é necessário discutir criticamente a outra forma de sublime analisada por Kant: o sublime dinâmico, quer dizer, o sublime da segurança absoluta. Para Kant, a "condição incondicionada" da natureza, que o sublime matemático exibe negativamente, é também, sob um perfil ético, aquilo que garante proteção e significado à nossa existência. O impulso à *totalidade* compõe uma unidade com a busca de um *refúgio* inexpugnável. Ora, é preciso perguntar-se em quais condições o *sentimento do contexto* (contraparte materialista do sublime matemático) pode gerar bem-estar e segurança. Qual é o seu desdobramento "dinâmico", ou melhor, ético? O afastamento em relação ao esquema kantiano é evidente. A totalidade oferece um abrigo sólido, porque ultrapassa e destitui o mundo sensível, fonte de todo o perigo. O contexto material, por sua vez, protege, em virtude da mesma prerrogativa que o torna ameaçador: sua irrealizável potencialidade. O idêntico núcleo de experiência pode resultar perturbador ou confortável, assustador ou salvífico. A conversão da *dynamis* de perigo iminente em morada asseguradora ocorre, como veremos, quando a percepção do contexto sensível, ou melhor, da natureza bruta duplica-se na instituição de um "entorno" distinto: a *esfera pública*.

Esfera pública

1. A AMEAÇA ANGUSTIANTE

O sublime dinâmico inspira-se no sentimento de alívio que nos preenche o espírito quando gozamos de um refúgio contra o enfurecer-se desta ou daquela calamidade (uma epidemia de varíola, um terremoto ou as pressões do Ministério da Justiça). Esquivar-se de um determinado perigo, se por um lado aguça a consciência da nossa vulnerabilidade, por outro nos torna superiores ao acaso e à sorte. Em si mesma provisória e muito lábil, tal superioridade suscita, porém, o pensamento do seu equivalente duradouro: a independência do Eu moral da natureza e do curso do mundo. A fortuita proteção de uma desgraça específica evoca a possibilidade de um refúgio que seja, ao contrário, *absoluto*: "aquela força que está em nós (e que não é natureza) que considera insignificantes as coisas que nos preocupam (os bens, a saúde, a vida) e, por isso mesmo, não reconhece na potência natural (à qual estamos sempre sujeitos com relação a essas coisas) um rígido império sobre nós e sobre nossa personalidade." Dinamicamente sublime é, enfim, o presságio empírico daquela imunidade incondicionada, que só a obediência à lei moral proporciona. Segundo Wittgenstein, a milagrosa descoberta de uma zona franca, desprovida de todo e qualquer risco, "foi descrita dizendo-se que nos sentíamos seguros nas mãos de Deus".

No que consiste, porém, e sobretudo como se anuncia o perigo que requer, como único antídoto, "a experiência de sentir-se *absolutamente* em segurança"? No breve tratado *Do sublime*, escrito depois e sob clara influência de *Crítica do juízo*, Friedrich Schiller observa: "O sublime prático não se funda na superação ou na eliminação de um perigo que nos ameaça, mas na anulação da condição última na qual se nos pode apresentar um perigo." Ora, a "condição última" do risco é o próprio pertencer ao mundo, ou, como acrescenta Schiller, "a dimensão sensível do nosso ser". O mundo é o perigo iminente absoluto, periculosidade indeterminada e onilateral, pressão ameaçadora que prenuncia e possibilita toda e qualquer particular ameaça. Sua inatuável *dynamis*, à qual somos constantemente expostos, desencadeia informe força destrutiva. Heidegger chama de *angústia* o temor ansioso, não atribuível a uma causa precisa e, ainda assim, premente, que nos incute o contexto exorbitante no qual se dá a nossa existência: "O diante-de-que da angústia é o ser no mundo como tal." Uma vez que expressa o impulso a uma segurança incondicionada, *o sentimento do sublime dinâmico tem sempre a ver com a angústia*, isto é, com a situação emotiva de total insegurança em que se manifesta o mundo como "condição última" do perigo.

Os males e os antídotos correspondem-se segundo uma simetria perfeita. Para Kant, subsiste uma diferença abissal entre o ocasional abrigo físico, que nos salvaguarda de uma aluvião ou de uma conspiração, e a absoluta proteção da prepotência do mundo, que nos é garantida pela lei moral. Distância igualmente intransponível separa, segundo Heidegger, *medo* e *angústia*. Amedrontadores são um evento determinado, um estado de coisas circunscrito, um objeto definido. O medo pode ser apaziguado com oportunas medidas factuais: é suficiente uma defesa *ad hoc*, apropriada às circunstâncias. A angústia, ao contrário, não está vinculada nem a um nem a outro estado de coisas, não surge em ocasiões previsíveis, não se importa com qualquer tentativa de preveni-la ou mitigá-la. Quando somos vítimas dela, "o mundo assume o caráter da mais completa '*insignificância*'". A ameaça é tão opressora quanto genérica; o perigo não possui nem rosto nem nome, está por toda parte e em lugar nenhum: "o diante-de-que da angústia é completamente indeterminado." O sublime dinâmico é o estado de espírito suscitado pela desproporção entre medo e angústia; ou melhor, pela diferença entre aquilo que serve para debelar o medo e aquela segurança absoluta que, sozinha, poderia salvar da angústia.

Já se viu como o sublime matemático, tendo raízes na regressão ao infinito, está intimamente ligado à experiência do *tédio*. Agora, constatou-se o estreito parentesco entre o sublime dinâmico e a experiência da *angústia*. Quem quiser buscar na obra de Heidegger um correspondente temático da kantiana "Analítica do sublime" deve prestar atenção ao exame do tédio, realizado nas lições de 1929-30 (posteriormente sob o título *Conceitos fundamentais da metafísica*), e ao parágrafo 40 de *Ser e tempo*, em que é elucidada a situação emotiva da angústia. Segundo Heidegger, quando estamos imersos no tédio profundo, aquele que não depende de um contratempo nem se deixa dissipar mediante expedientes, "encontramo-nos no meio do ente em sua totalidade"; mais ainda, no meio do "ser que se nega em sua totalidade", isto é, "no ponto em que todas as coisas nos parecem igualmente indiferentes entre si". Esta totalidade negativa é o mundo: mas, por assim dizer, o mundo na sua "total grandeza", matematicamente compreendido. Por outro lado, a angústia que "nos tira o fôlego", impondo "o modo existencial de não-se-sentir-em-casa", revela o mundo na sua potência ameaçadora, dinamicamente compreendido. Aqui, contudo, pouco interessa o jogo de espelhos entre os dois filósofos. Como já acontece a propósito da regressão ao infinito e do tédio, trata-se de submeter a uma avaliação crítica os conceitos de "angústia" e de "segurança absoluta". O que importa é focalizar de outra maneira o modo de ser ao qual eles se referem; ou, caso se prefira, elaborar diversamente a idéia de mundo enquanto contingência temível.

2. TEMOR E ABRIGO

Em primeiro lugar, é preciso questionar a demarcação entre medo e angústia, assim como a correspondente discriminação entre segurança factual e proteção absoluta. Essas duas duplas polares baseiam-se na persistência, ou, pelo menos, na viva memória de comunidades tradicionais, nas quais uma rede de hábitos consolidados canaliza como um sulco a práxis, protegendo-a da aleatoriedade. A nítida distinção entre medo e angústia reforça o rompimento entre um ambiente familiar, no interior do qual a experiência é cíclica, uniforme e bem enquadrada, e o vasto e indeterminado mundo. Os perigos filtrados e atenuados pelo *ethos* comunitário provocam apenas *medo*: eles acabam sendo aceitos, podem ser previstos e circunscritos, e por vezes debelados. *A angústia*, entretanto, brota quando, por pensamento ou de fato, se vai além do limite, e se adentra o amorfo mundo-contexto. A ameaça torna-se ali contínua e ubíqua, sem que se possa decifrar sua natureza ou isolar-lhe a causa. Mas a cisão entre as duas formas de temor (e de segurança) desaparece quando desmoronam as remanescentes comunidades substanciais; a cisão cicatriza-se com o fim de todo e qualquer posicionamento social ou ético que ostente a estabilidade quase imutável de um "ambiente", resultando, exatamente por isso, "pobre de mundo" (expressão com a qual Heidegger qualifica particularmente o hábitat dos animais).

A permanente mutabilidade das formas de vida, a perda ininterrupta dos hábitos e costumes já em si artificiais e contingentes, o adestramento para enfrentar a aleatoriedade sem obstáculos, tudo isso comporta uma relação direta com o mundo *bruto*, um imediato *vis-à-vis* com a "*condição última*" do perigo. O "medo" é sempre *angustiante*, já que para o motivo particular que o desencadeia converge explicitamente a genérica e indeterminada qualidade ameaçadora do mundo-contexto. Pelo avesso, a "angústia" é sempre *amedrontadora*, ou seja, assume um aspecto empírico-factual; ela se funda em objetos e estados de coisas, já que eles, como são produzidos pelo intelecto abstrato, isto é, pela ciência, apresentam por sua vez certa generalidade e indeterminação (uniformizando-se assim aos caracteres típicos do mundo-contexto). É necessário, portanto, introduzir um conceito que dê conta do irreversível amálgama das duas situações emocionais anteriormente ampliadas. Sobre isso, porém, falar-se-á depois.

O segundo elemento crítico é, na realidade, um corolário daquilo que foi dito há pouco. O hiato entre medo e angústia implica desconcertante conseqüência: enquanto um seria sentimento comunicável e compartilhado, de certa maneira *público*, a outra favoreceria o isolamento mais radical. Para Heidegger, "a angústia isola e abre o Existir como *solus ipse*"; nela, "o com-Existir dos outros nada mais pode oferecer". Diferentemente do medo, atiçado por um perigo que com freqüência diz respeito a muitos membros da comunidade, e que só pode ser contrastado com o socorro de outrem, o estranhamento angustioso parece subtrair-se ao "estado interpretativo público", desfazendo os pequenos laços que vinculam o indivíduo ao anônimo "*se*" coletivo (diz-*se* isto ou aquilo, comporta-*se* deste ou daquele modo etc.). Aquele que está sozinho consigo mesmo, fora da "casa comum", encontra-se à mercê de um temor indefinido, capaz, contudo, de tirarlhe o fôlego. Entretanto, quando *todas* as formas de vida experimentam ou até mesmo pressupõem o "não-se-sentir-em-casa" como simples condição fenomênica, ninguém está menos isolado, ou melhor, mais ligado ao "com-Existir dos outros" do que aquele que percebe imediatamente a pressão espantosa de um contexto indeterminado.

O sentimento ainda sem nome, que deriva da completa coincidência de "medo" e "angústia", é caracterizado pela relação inelutável com a presença alheia; é assunto de *muitos*; contribui, aliás, para fundar o próprio conceito de *multidão*. Os "muitos" são efetivamente tais enquanto compartilham a experiência do "não-se-sentir-em-casa". Essa experiência faz em pedaços cada fictícia "casa comum", põe de cabeça para baixo a sua familiaridade cheia de maus odores, desarruma as suas formas de proteção "ambiental" que derivam da inclusão no *ethos* e no *demos*. Todavia, como veremos a seguir, o "não-se-sentir-em-casa", ou seja, o estado de espírito da multidão aniquila a paródia da comunhão da "casa" apenas porque destaca o que é realmente *comum*; ou, antes, apenas porque expõe o Comum como tal. De modo diferente do que pensa Heidegger, o estranhamento radical subtrai à enganosa aparência do "si mesmo" e entrega a um "estado interpretativo público" no qual podemos nos perder ou nos salvar. É a precariedade exacerbada dos "muitos" que abre a possibilidade da *esfera pública*. Também falaremos sobre isso depois.

Em terceiro lugar, o aspecto talvez mais importante: é preciso pôr em questão o próprio par temor/refúgio; ou melhor, a sua suposta decomponibilidade em dois termos bem distintos, um dos quais faz o papel de premissa, e o outro, de conseqüência. É ilusão de óptica acreditar que, primeiro, se perceba o mundo-contexto como perigo persecutório, e, só depois, o sujeito se dedique a cogitar uma rede protetora. O risco inerente de pertencer a um contexto informe e sempre potencial nunca é preliminarmente percebido em si mesmo, em estado puro. Pelo contrário, só se manifesta porque já estamos empenhados em contê-lo e aplacá-lo. Damo-nos conta da ameaça circunstante, assim como de nossa vulnerabilidade, unicamente quando já *reagimos* a ela, adotando esta ou aquela estratégia de proteção. A rigor, não se deveria nem mesmo falar em "reação"; toda e qualquer transferência posterior a uma sucessão cronológica ou a uma relação de causa e efeito é deturpadora. Não há perigo-estímulo nem refúgio-resposta. Antes, a busca de proteção constitui a experiência originária e indivisível na qual, elaborando o antídoto, chega-se a distinguir o mal.

E mais: a periculosidade indeterminada do mundo não só se revela *na* tentativa *já* em curso de se encontrar um refúgio, mas exprime-se plenamente *como* o refúgio obtido repetidas vezes. O autêntico risco consiste, enfim, em certos modos de "replicar" ao risco unilateral do contexto vital (por exemplo, confiando-se ao soberano, ou cultivando o pesadelo de uma "pequena pátria" racista, ou refugiando-se no sucesso profissional etc.). Só é propriamente "angustiante" um certo modo de enfrentar a "angústia", ou melhor, de fazer frente ao sentimento da contingência *comum* (por exemplo, com o cuidado obsessivo "consigo mesmo", que "abre o *Existir* como *solus ipse*"). A *dynamis* irrealizável do mundo-contexto é fonte tanto de ameaça como de proteção; essa sua ambivalência torna-se evidente, porém, só no contraste entre diferentes estratégias de garantia de segurança; é o comportamento voltado para preparar um refúgio que pode resultar perigoso ou salvífico. O par temor/refúgio resolve-se, portanto, na alternativa entre formas antipódicas de "segurança" (alternativa sempre e ainda articulada à ação política). Verdadeiramente protetor é o abrigo que salvaguarda de *proteções temíveis*.

3. O PERTUBADOR

Para indicar o sentimento no qual "medo" e "angústia" não apenas confluem, mas também se amalgamam até se tornarem indistinguíveis, utilizamos aqui o termo *perturbador*. A escolha dessa palavra-chave tem pouco ou nada a ver com os significados que Freud lhe atribuiu em seu famoso artigo "Das Unheimliche". Limitamo-nos ao uso de seu significado ordinário, no qual "perturbador" é um evento particular (por exemplo, a aparição de um fantasma ou o lapso no auto-reconhecimento ao espelho), que lança, contudo, o sujeito em estado de completo estranhamento, colocando em causa a relação com o mundo em seu conjunto, e tornando este último indecifrável e aterrador. Com certo grau de oportunismo lexical, aproveita-se tal acepção habitual para introduzir um conceito de temor que, indiferente aos fantasmas e aos espelhos, diz respeito, em geral, à situação ética na qual não subsiste mais nenhuma divergência entre risco factual e insegurança absoluta. Da mesma forma, chamamos *bem-estar* àquela sensação de abrigo que evita e desarma toda a "sublime" distinção entre uma proteção empírica (garantida por comunidades tanto estáveis quanto "pobres de mundo") e a incondicionada imunidade em relação à "dimensão sensível do próprio ser" (que, pelo contrário, estaria de acordo com a lei moral transcendente).

Afirmou-se há pouco, contudo, que o autêntico perigo se manifesta, ele também, como abrigo. São certas defesas contra o mundo, certas zonas francas horripilantes que inspiram um temor radical (justamente o temor, quando "medo" e "angústia" se tornam completamente indiscerníveis). Ora, afirmar que a gênese do perturbador esteja na própria busca de proteção significa, pelo menos à primeira vista, tocar muito de perto o paradigma freudiano. O oportunismo lexical inicial parece ceder seu lugar a uma consonância substancial. Porém, apenas parece. Para esclarecer esse ponto, convém aludir brevemente à tese exposta em "Das Unheimliche". Fica subentendido que não se trata de verdadeira confrontação, mas de expediente retórico cujo objetivo é qualificar um conceito por oposição.

O sentimento do perturbador está ligado, segundo

Freud, ao "eterno retorno do idêntico", ou seja, a uma *repetição*. Quem depara várias vezes em um mesmo dia com o número 62 pode ser tomado por indizível inquietação, vendo naquele algarismo, por exemplo, uma premonição da idade que lhe será dado alcançar. Outra ocasião de pânico é constituída pela duplicação de si mesmo operada por um sósia: o "duplo" dilacera a identidade do Eu, usurpando-lhe o caráter e o destino. E, ainda, obscuro pavor toma conta daquele que, após tortuoso trajeto, reencontra-se involuntariamente no local de que se procurava afastar. Também não suscita pouco tremor a ocorrência daquilo que se havia pensado intimamente. Essas várias formas de repetição, porém, cuja atual prerrogativa é aterrorizar, no passado, em fase remota da civilização e na primeira infância, tinham função apotropaica. Ofereciam proteção contra o acaso ou o imprevisto, enfraquecendo ou afastando as forças destrutivas do universo. O sósia, por excelência, era a alma imortal; o reaparecimento do mesmo algarismo instituía reconfortante regularidade; o retorno periódico ao ponto de partida fundava um princípio de orientação. A conclusão de Freud é conhecida: o perturbador não é o inusual, mas sim "aquela espécie de assombro que remonta a algo que nos é conhecido de longa data, ao que nos é familiar". Mais exatamente, é perturbador o reaflorar inesperado da repetição que já *foi* apotropaica, mas que a seguir foi *recalcada* (quando infantil) ou *superada* (quando arcaica).

Esse esboço é suficiente para especificar, por contraste, o emprego do termo "perturbador" como categoria *ética*. Em Freud, a sucessão temporal é decisiva: o antigo abrigo se reapresenta com aparência sinistra porque foi esquecido e abandonado, ou seja, porque a partir de certo momento deixou de ser uma proteção. Inversamente, quando aqui se fala a respeito de *proteções temíveis*, está-se referindo ao caráter assombroso que compete a certas categorias de garantias cada vez mais *atuais* e eficientes. A transformação da segurança em ameaça não é diacrônica, não se baseia na separação de passado e presente, não pressupõe uma fase intermediária na qual o conhecido-familiar é ocultado pela remoção. Pelo contrário, o risco consiste naquilo que só agora cumpre uma função apotropaica: *enquanto* e *como* a cumpre. O que às vezes produz uma insuportável inquietação é o conhecido, no qual não se deixou de confiar; portanto, o conhecido não removido, ilustre e, mais do que nunca exposto à visão, impossível de ser ignorado.

Sobre essa base pode-se formular uma definição mais compreensível das duas palavras-chave antes introduzidas. *Perturbador* é a ameaça aguda que emana dos refúgios atualmente freqüentados, ou seja, o perigo que brota de algumas "reações" à periculosidade do mundo-contexto. *Bem-estar* é a proteção contra o perturbador, ou seja, aquele *amparo de segundo grau* que salvaguarda dos amparos destrutivos. Caso se prefira: o bem-estar é a forma de segurança em relação ao mundo-contexto, quando o índice de risco deste último manifesta-se, em primeiro lugar e especialmente, nas terrificantes práticas apotropaicas adotadas para aplacá-lo. A contraposição entre o perturbador e o bem-estar se desenvolve, portanto, como conflito entre modos alternativos de se defender do perigo.

Consideremos novamente a experiência básica da repetição. Freud: a recorrência do mesmo número, que há tempos confortava (era *heimlich*, familiar), agora assusta (torna-se *unheimlich*, sinistra). Como se viu, porém, o bem-estar e o perturbador, sobre os quais se discute agora, não são estados sucessivos, mas sim possibilidades coexistentes e contrárias, que se colocam lado a lado e que se excluem. Portanto, é preciso pensar em dois tipos de repetição, que articulando a mesma necessidade de segurança dão, contudo, lugar a conseqüências divergentes. Uma repetição perturbadora e uma que obscurece o bem-estar: ambas desdobradas na superfície; simultâneas e até mesmo interativas; dotadas de uma única raiz e, ainda assim, antípodas. Antes de retomar o fio principal do discurso é oportuna breve *excursus* sobre as virtudes apotropaicas do "mais uma vez".

4. MAIS UMA VEZ

Sabe-se que Walter Benjamin nunca afastou seu olhar da infância. E é igualmente sabido que ele apreendeu, com admirável oportunismo, os aspectos relevantes da reprodutibilidade técnica da obra de arte. Já aquilo que permanece obscuro é o nexo estreitíssimo que liga esses dois fatores. Benjamin compreendeu rapidamente as novas condições de produção da cultura (fotografia, rádio, cinema etc.) *porque* não fechou o acesso à experiência da criança, dela trazendo, pelo contrário, ensinamentos sobre as tendências fundamentais de seu tempo. Só aquele que se tenha detido longamente nas brincadeiras infantis, caracterizadas pelas inexauríveis *iterações* dos mesmos gestos, poderia entender o exato significado da *serialidade* em grande escala, que caracteriza hoje em dia não somente a indústria cultural, mas todo artefato da experiência imediata. Nesta serialidade se entrevê, de fato, a mesma exigência de proteção e de orientação que guia aquela iteração.

Resenhando um livro sobre brinquedos, Benjamin escreve palavras que, sob certos aspectos, podem também fazer referência aos habitantes das metrópoles contemporâneas: "Sabemos que a lei da repetição constitui a alma da brincadeira infantil; que nada faz mais feliz uma criança do que o 'mais uma vez' [...] 'Tudo poderia ser magnificamente acomodado se as coisas pudessem ser feitas duas vezes' — a criança age segundo essa frase de Goethe. Só que para ela não se trata de duas vezes, mas de cem mil, de infinitas vezes. Com esse procedimento ela não só consegue superar o terror de certas experiências originais, mediante o abrandamento, a evocação travessa, a paródia, mas também desfrutar repetidamente, no modo mais intenso, triunfos e vitórias. O adulto libera seu coração do terror, goza duplamente, enquanto narra. A criança cria tudo *ex novo*, recomeça mais uma vez, do início. Essa talvez seja a raiz mais profunda do duplo significado em alemão de *Spielen* [brincar e recitar]: a repetição da mesma coisa é, talvez, o elemento comum aos dois sentidos da palavra. Já não é um 'fazer como se fosse', mas um 'fazer sempre de novo', a transformação da experiência mais desconcertante num hábito, aquilo que constitui a essência do jogo."

O impulso ao "mais uma vez", típico da infância, encontra-se também na origem da experiência tecnicamente reproduzível. Em ambos os casos, tenta-se libertar do terror o próprio coração. Essa constatação pode ter impedido Benjamin de se deter numa lamentosa nostalgia pelas formas precedentes de produção e de recepção das obras de arte: é insensato contrariar-se, dado que uma necessidade primária e que não pode ser suprimida parece encontrar satisfação na reprodutibilidade. A verdadeira pergunta é: por que a sociedade do capitalismo maduro retoma um esquema da infância? O que têm em comum essas duas instâncias? E eis a resposta: a ausência de hábitos sólidos que amortizem os golpes do acaso, que tracem um caminho no indeterminado, que domestiquem a contingência. Tanto a criança como o habitante das metrópoles encontram-se sem tradições nem bússolas. Privados do abrigo de um "hábito", ambos confiam na repetição, a fim de se proteger dos *choques* do imprevisto e se orientar da forma menos ruim.

Sempre se considerou que a repetição lúdica da primeira idade certifica que *ainda* não existam hábitos, contudo ela predispõe à aquisição — é a sua matriz. Isso já não é verdade. Na época atual, o estágio preliminar, longe de ser também propedêutico, torna-se permanente. A experiência adulta permanece repetitiva, não alcança o hábito. Benjamin menciona até uma "pobreza de experiência" geral, que induz a "recomeçar do início; a começar do Novo; a contentar-se com o Pouco". A repetição apotropaica da criança não cede o lugar àquele abrigo bem mais sofisticado que é o *ethos*, o hábito comunitário, que ressurge então, de vez em quando, como o perturbador "removido". Pelo contrário, o originário "mais uma vez" é *irremovível*, perdura em alto-relevo. Por isso, isto é, pelo fato de não deixarmos de recorrer coletivamente à sua típica forma de proteção, a infância deve ser considerada uma categoria do "espírito público". Nem preâmbulo, nem mero aprendizado, mas *paradigma* crítico, capaz de iluminar com luz ulterior as relações sociais e as condutas éticas da modernidade tardia.

A analogia entre a "lei da repetição" à qual se remete a criança e a reprodutibilidade encerra, porém, um contraste radical; reverte-se, enfim, num insanável divórcio. Na mesma busca de segurança, delineia-se a possibilidade tanto do *perturbador* quanto do *bem-estar*: possibilidades sincrônicas, mas opostas.

As formas de vida metropolitanas, desprovidas de tradições e pobres em termos de experiências, mostram aspectos pueris que, embora aludindo prepotentemente à infância como sua chave de leitura, dela restituem tão-somente uma imagem degradada, por vezes aterrorizante. A sociedade do capitalismo maduro alardeia o "mais uma vez" para edificar um *Kindergarten* que é um pesadelo. À repetição lúdica, a reprodutibilidade técnica opõe uma *coação a repetir* da mercadoria e do trabalho assalariado. A indústria cultural enfeita a "pobreza de experiência", para que passe despercebida; protege da ausência de hábitos, fazendo passar a nua repetitividade por um seu subproduto; institui "tradições" sub-reptícias, mas vinculatórias; cria "aura" em torno da recursividade serial. Seu demérito não é desgastar as almas, mas, pelo contrário, preservá-las a todo custo e apesar de tudo.

O antídoto à *puerilidade do perturbador* da sociedade do espetáculo está na seriedade da infância. A criança que exige ouvir a mesma fábula ou pegar o mesmo brinquedo percebe como único, todas as vezes, aquilo que é igual. Cada réplica possui valor de protótipo, de pedra basilar, de *experimentum crucis* ("já não é um 'fazer como se fosse novo', mas um 'fazer sempre de novo'"). No "mais uma vez", exatamente nele, vive a instância do "de uma vez por todas": cada repetição singular é irreversível, carregada de comovente contingência; aspira a uma espécie de perfeição lábil; exibe uma unicidade sem "aura". O gesto lúdico da criança evoca a possibilidade do bem-estar porque, em vez de dissimulá-la de modo pueril, coloca em máxima evidência a "pobreza de experiência", fixa acampamento ali e dali procura tirar satisfação ou pelo menos "algo decente". Numa época em que tamanha pobreza tornou-se a regra, aquele gesto elementar adquire pela primeira vez ressonância *histórica* — remete a uma práxis pública que saiba, finalmente, colher as oportunidades existentes no inevitável "não-se-sentir-em-casa". Poder-se-ia dizer: uma vez que todo *ethos* comunitário é conturbado e que não há vestígios dos hábitos, a ação política é obrigada a repropor a conexão peculiar entre repetição e contingência, "mais uma vez" e "de uma vez por todas", que caracteriza o *Spiel* infantil. Do mesmo modo que o ser humano principiante, quem age num âmbito público também percebe a ocasião mais propícia, ou melhor: a única que lhe é concedida para começar algo verdadeiramente novo, no "eterno retorno do mesmo".

5. LUGARES-COMUNS E PUBLICIDADE DA MENTE

A interpretação materialista do sublime dinâmico, isto é, do "estado de espírito no qual se é levado a dizer 'Estou a salvo, nada me poderá prejudicar, não importa o que aconteça'", deve ainda realizar o passo mais difícil, a identificação do tronco unitário do qual partem tanto o perturbador como o bem-estar. No momento, sabemos que essa bipolaridade exprime o perigo e a proteção inerentes à relação com o mundo em geral (no ponto em que, note-se, tal relação aflora em toda a sua ambivalência, unicamente na tentativa já em curso de se proteger do próprio mundo). Sabemos apenas, portanto, que o perturbador e o bem-estar têm ambos a ver com aquele "não-se-sentir-em-casa" no qual se experimenta, defendendo-se nos modos mais variados, a imediata pressão de um contexto amorfo e indeterminado. Pouco demais. Um estado de desorientação e de constante vulnerabilidade por si só não explica o desenvolvimento de estratégias opostas de segurança. Falta um termo intermediário decisivo. Para identificá-lo, é preciso se perguntar qual é o fenômeno relevante com o qual se manifesta, de fato, o "não-se-sentir-em-casa".

Pobreza de experiência, não se sentir em casa, essas locuções, equivalentes entre si, designam um modo de ser que foca o "não mais", a perda imediata. Do modo de ser em questão, vale a pena, pelo contrário, assinalar o lado convexo, o conteúdo em alto-relevo. Mais exatamente: refere-se aqui ao "não-se-sentir-em-casa" como que na situação que torna comum a multidão, faz imprescindível "o *com-Existir dos outros*", revela um verdadeiro "estado interpretativo público". Qual é, na verdade, o significado da repetição à qual se abandonam, na falta de coisa melhor, os pobres de experiência e os sem-casa? Nela se aprende e se revela com absoluta nitidez tudo aquilo que, num certo âmbito vital, é conhecido, compartilhado, *comum*. Esse conhecido-comum não é, porém, familiar: não se parece em nada com uma tradição ou com um costume. A repetição, emblemática da experiência pobre, não se limita, por outro lado, a separar o comum do habitual, mas afirma o primeiro em detrimento do segundo. A comunhão exibida pelo "mais uma vez" possui a singular prerrogativa de abolir qualquer familiaridade pegajosa. Qual é, então, seu conteúdo?

Para se ter uma idéia, basta pensar no papel que, no tratado sobre a retórica (*Ret.* I, 2, 1358 a) Aristóteles atribui aos "lugares-comuns" (*topoi koinoi*). Não se trata de banalidades ou estereótipos, mas de formas lingüísticas e estruturas argumentativas tão básicas, a ponto de convir a todos os discursos, qualquer que seja seu tema ou a ocasião em que foram proferidos. Tão básicas, melhor dizendo, que constituem o pressuposto despercebido do discurso em geral. Aristóteles menciona, a título de ilustração, três *topoi koinoi*: a oposição dos contrários, o mais e o menos, e a relação de reciprocidade. Como se pode ver, estão em jogo funções intelectuais quase irrenunciáveis, relacionadas à própria possibilidade de raciocinar. Poder-se-ia dizer: os "lugares-comuns" incorporam a potência do intelecto, não são nada além de *lugares da mente*. E inversamente: a vida da mente, condensada em "lugares" compartilhados por todos, mostra-se *comum*. Mas tal comunhão permanece selada ou negada até que a experiência *se enriqueça*, por assim dizer, de um costume habitual. No tratado aristotélico, os "lugares-comuns" não possuem relevância autônoma, sendo apenas quase invisível tecido conectivo dos "lugares próprios" ou especiais (*topoi idioi*). Esses últimos agrupam assuntos, inferências, metáforas, valores e chistes que se ajustam a uma *ou* a outra situação discursiva (ao Fórum *ou* à Academia, ao local de trabalho *ou* à sede do partido etc.). Reforçam, em suma, a entrecortada articulação do *ethos* comunitário, isolando aquilo que compete exclusivamente a cada âmbito. Predominância dos "lugares próprios", invisibilidade subserviente dos "comuns": eis a habitual hierarquia ético-retórica da qual não se pode mais deixar de constatar a inversão.

A pobreza de experiência caracteriza-se, na realidade, pela *superabundância de mundo*, isto é, por uma relação não atenuada com o contexto bruto e indeterminado da existência. É a superabundância de mundo que esvazia e atrofia os "lugares próprios", junto aos quais se encontravam papéis estáveis, identidades duradouras e costumes familiares. E é ainda essa superabundância que faz com que os *topoi koinoi* saltem para o primeiro plano, tornando-se eles próprios o decisivo repertório temático. A genérica potência da mente, ilustrada pelos "lugares-comuns", constitui, de fato, a única fonte de proteção em relação a um mundo-contexto em volta dela sempre genérico e disforme. A máxima exposição ao mundo implica, por reação, a máxima aproximação aos *lugares da mente*, portanto aos *topoi koinoi*. Resumindo, há dois aspectos a serem levados em conta, complementares entre si. O primeiro: pobre é a experiência que não possui outro princípio de orientação fora do intelecto puro; uma experiência cuja *topografia* consta somente de paradigmas abstratos, funções lógicas insuficientes, categorias muito genéricas (como a oposição dos contrários ou a relação de reciprocidade). O segundo aspecto: já que representa o único princípio de orientação da experiência pobre, o intelecto puro ganha plena e imediata "visibilidade". A potência da mente torna-se, por assim dizer, extrínseca e *ostensiva*. Seu caráter de bem compartilhado, em suma, sua típica comunhão já não é um pressuposto selado, mas a ofuscante evidência que qualifica todo discurso e toda ação. Além de comum, o intelecto é também público.

A idéia de um "intelecto público" parece áspera e paradoxal, já que contradiz uma longa tradição, segundo a qual o pensamento é atividade solitária, privada de manifestações exteriores, em si estranha ao cuidado dos interesses comuns. De Aristóteles até Hannah Arendt, perdura amplo acordo sobre esse ponto. Há, porém, pelo menos uma importante exceção a ser mencionada. A publicidade do intelecto, ou melhor, sua irrupção no mundo das aparências é atenuada de modo bastante interessante por Marx, quando afirma que "as condições do próprio processo vital passam sob o controle do *general intellect* e são remodeladas em conformidade com ele". *General intellect*, intelecto geral: a expressão é, talvez, o correspondente polêmico da *volonté génerale* de Rousseau; ou, mais provavelmente, é o eco materialista do *Nous poietikos*, o "intelecto agente", separado e impessoal, sobre o qual Aristóteles discute em *De anima* (III, 429-a-430-a). De todos os modos, com o conceito de *general intellect*, Marx designa a mente enquanto potência exterior e coletiva.

Potência exterior: o saber abstrato torna-se "força produtiva imediata", a "capacidade científica" é "objetivada" no sistema de máquinas, constelações conceituais inteiras possuem a espessura e a incidência dos fatos materiais. Potência coletiva: "Nessa forma", escreve Alfred Sohn-Rethel comentando Marx, "pensamento possui a *pro cura* intelectual da sociedade, para usar um termo jurídico. Ele pensa literalmente para a sociedade. Suas funções são em forma diretamente social." A noção de *general intellect* não deve ser reduzida, todavia, à aplicação das ciências naturais ao processo produtivo. Em questão está, ao contrário, o aspecto ou publicidade do próprio pensamento puro, autônomo de experiências determinadas e indiferente a aplicações particulares. Mais ainda: não se trata das *obras* do pensamento, mas da simples *habilidade* de pensar. Em destaque, elevando-se ao patamar de recurso público, estão as mais genéricas potencialidades da mente: faculdade de linguagem, disposição ao aprendizado, capacidade de abstrair e correlacionar, e tendência à auto-reflexão. Por *general intellect* é preciso compreender, ao pé da letra, *intelecto em geral*.

Qual é a forma de existência correlacionada à publicidade da mente? Qual é o *bios theoretikos*, a vida intelectual que corresponde ao *general intellect*? Para encontrar o fio da meada, convém deter-se numa antiga semelhança, apreciando de novo seu alcance e validade. Num escrito da juventude, *Propreptico* (B56), Aristóteles compara a conduta do pensador ao *bios xenikos*, o modo de viver do estrangeiro. O filósofo comporta-se como um exilado porque evita as aglomerações públicas, põe em surdina a pluralidade de vozes dissonantes que se levantam na cidade, reduz ao mínimo as trocas com o mundo. Para aceder à vida do pensamento, que também é *comum* no mais alto grau, ele deve desertar da *comunidade* política, separando-se da multidão dos outros homens. Fica evidente que o próprio conceito de "intelecto público" se contrapõe a tal representação do *bios theoretikos*. Mas eis o ponto: contrapõe-se, mantendo inalterada (ou melhor, desdobrando-a de maneira desmedida) a analogia entre *bios theoretikos* e *bios xenikos*, pensador e estrangeiro.

A dimensão comum da mente não é oculta, mas extrínseca, como foi dito, e aparente. Cada um a alcança na presença dos demais, expondo-se ao olhar deles, gozando ou sofrendo sua companhia. A comunhão da mente manifesta-se, portanto, nas reuniões públicas; concerne às vicissitudes da cidade; inspira esta ou aquela forma de *agir programada*, diversas espécies de práxis coletivas. A vida intelectual ligada ao *general intellect* diz respeito sempre a uma multidão. Quem são, todavia, os "muitos" a quem compete o *bios theoretikos* (um *bios theoretikos* que, justamente, exige o "com-Existir dos demais", enquanto permanece excluído ao "*solus ipse*")? Embora seu significado originário seja completamente prejudicado, a comparação instituída no *Propreptico* mostra-se não menos perspicaz: os "muitos" que participam do *general intellect* são infalivelmente *xenoi*, exilados, estrangeiros. Melhor dizendo, são aqueles que se encontram na situação emotiva do "não-se-sentir-em-casa".

Para confirmar isso, basta inverter a ordem de exposição, partindo diretamente dessa situação emotiva. O "não-se-sentir-em-casa" é o estado de espírito que caracteriza o *bios xenikos*, a vida do expatriado. Para se orientar no mundo, os desenraizados podem confiar apenas nos *topoi koinoi*, nas funções basilares do pensamento. Os "lugares-comuns", para onde acenam todas as rosas-dos-ventos, coincidem, como sabemos, com os *lugares da mente*. Portanto, aqueles que não se sentem na própria casa, os *xenoi*, vivem constantemente na proximidade do intelecto, propensos a uma espécie de *bios theoretikos*. Invertendo a direção da semelhança, poder-se-ia dizer: são os exilados que se comportam como pensadores, é o *bios xenikos* que mostra grande afinidade com o *bios theoretikos*. Aqui, porém, transpira a diferença radical em relação à impostação aristotélica: vivendo na proximidade do intelecto, o exilado não consegue a "auto-suficiência", a *autarcheia*, mas, ao contrário, é colocado em relação com a pluralidade dos seus semelhantes, chegando a um "estado interpretativo público".

O ponto dirimente é este: enquanto o *bio xenikos* do qual fala Aristóteles se ajusta a uma condição excepcional e provisória (o estrangeiro possui uma pátria à qual pode retornar, o pensador pode se reunir ao *ethos* comunitário da cidade), o "não-se-sentir-em- casa" é um modo de ser inevitável e irreversível. Portanto, um modo de ser de *muitos*. Uma vez que nunca dispõem de autênticos "lugares próprios", os sem-casa não precisam nem decidir se os freqüentam (aderindo assim à vida associada) ou se deles se afastam (como o filósofo e o exilado). Mais do que isso, eles já compartilham desde sempre, na multidão, os lugares da mente; recorrem sempre, em concurso recíproco ou em recíproco contraste, à potência do intelecto, para fazer frente à contingência do mundo-contexto e aplacar a mordida da precariedade. Por isso os lugares da mente ressoam do murmúrio da multidão. Por isso a potência do intelecto se parece a uma *partitura comum*, que cada um executa em público, ou melhor, diante do "público" composto por outros estrangeiros. Por isso, enfim, o *bios xenikos* é uma forma de *existência política*.

6. O ESPAÇO DO INTELECTO

O objetivo das últimas páginas era identificar a raiz da qual brotam tanto o risco angustiante, que chamamos de *perturbador,* quanto a segurança reconfortante, que chamamos de *bem-estar*. Essa raiz, unitária, mas contudo ambivalente, está situada, diz-se, no estado de espírito do "não-se-sentir-em-casa". Mas, para identificá-la, não basta fazer referência à desorientação como condição de lancinante inermidade e de mera indigência. De fato, uma vez que o perturbador e o bem-estar são estratégias opostas de segurança, sua matriz comum deve consistir numa forma de proteção básica, em si sem preconceitos. Era necessário focalizar, portanto, o refúgio primário, que o próprio "não-se-sentir-em-casa" não deixa nunca de enuclear; remontar às formas com as quais a desorientação replica à capacidade de ameaçar do mundo e alivia sua pressão. Em outras palavras, tratava-se de considerar o "não-se-sentir-em-casa" a partir do recurso apotropaico no qual ele vem à luz. É aquilo que se fez há pouco, discorrendo a respeito dos *topoi koinoi*, do *general intellect* e do peculiar *bios theoretikos* que pertence a uma multidão de exilados.

O "não-se-sentir-em-casa" dá relevo, ou melhor, *publicidade* àquilo que é efetivamente comum: a potência do intelecto, a vida da mente. O intelecto público constitui o principal refúgio em relação a um contexto vital sempre bruto e sempre potencial. Recurso apotropaico, justamente. Mas o intelecto, protegendo da contingência do mundo sensível, introjeta sua ambivalência e a reproduz no plano ético: ele mesmo se apresenta, ao mesmo tempo, como "condição última" do perigo e como fonte de segurança. Os dispositivos apotropaicos que, decorrendo dele, articulam a defesa preliminar oferecida pela vida da mente podem resultar, por vezes, extremamente ameaçadores ou realmente salvíficos. O *general intellect* é, portanto, o tronco unitário de que se originam tanto o perturbador como o bem-estar.

Dizer que o pensamento é extrínseco, introduzido no mundo das aparências e pertencente a uma multidão significa atenuar sua eventual relação com o espaço. Mas é lícito construir, mesmo que seja apenas uma hipótese, uma tal relação? Pode-se discutir seriamente uma *espacialidade do intelecto puro*? Responder afirmativamente a perguntas desse tipo é, talvez, a questão de honra da reflexão materialista. Mas ainda há mais: só quando se examina de perto a conexão do *general intellect* com o espaço (ou melhor, a inibição e o desdobramento de tal juntura), chega-se a perceber a efetiva discriminação entre o perturbador e o bem-estar. Apenas por essa via se esclarece por que o próprio *general intellect*, embora salvaguarde e proteja, revela-se por vezes letal, desencadeando o temor pânico.

A potência da mente (como de resto os *topoi koinoi* nos quais se prende) possui índole abrangente e ubíqua, ou seja, não é nunca situável num específico "onde". É óbvio que o pensamento não ocupa lugar *no* espaço. Todavia, ele pode instituir uma espacialidade própria. O intelecto público não se localiza "aqui", "lá" ou "entre" uma coisa e outra, mas pode gerar certos peculiares "aqui", "lá" e "entre". Não está em lugar nenhum, mas pode, ainda assim, dar *lugar*. Se sempre parece bem perto, não é porque esteja posicionado a uma distância mínima, mas porque ele próprio pode abrir um espaço em cujo seio se delineiem proximidades e distâncias. Esse espaço ulterior (e eventual) não é métrico, mas *político*. Trata-se, sim, do contexto no qual os "muitos" (os *xenoi*, os sem casa) agem e se distinguem, se reúnem e se separam, tomam decisões e cuidam das questões comuns; do contexto, em suma, no qual os "muitos", traçando posições e parábolas e ajustes, fazem valer plenamente o ser-muitos deles. O *general intellect* exterioriza-se espacialmente como comunidade política dos exilados, como República da multidão. Essa exteriorização, porém, é apenas uma possibilidade; pode *não* acontecer. Se não acontece, o intelecto público toma uma aparência ameaçadora.

O que perturba é, precisamente, a falta de espacialização do *general intellect*. A este último, em tal caso, parecem convir as palavras com as quais Heidegger descreve o perigo angustiante: "está tão próximo, que nos oprime e tira o fôlego, mas não está em lugar algum." Se não se realiza, sua atitude espacializante (ou seja, seu poder *dar lugar*) é percebida, de fato, como *proximidade atópica*, tão enigmática quanto assustadora. Exponhamos, porém, o ponto de modo mais pormenorizado. O ser comum do intelecto incute temor, ou melhor, provoca absoluta insegurança, dado que não se traduz — de modo espacial, justamente — em uma *comunidade política* autônoma, permanecendo em vez disso uma "força produtiva", ou melhor, o irrenunciável (e atópico) requisito do processo de trabalho social. A *publicidade* da mente é angustiante, ali onde não concede espaço a uma *esfera pública*, isto é, a um contexto no qual se inscrevam as ações e os discursos da multidão, mas figura como uma potência centrípeta e apodíctica, sempre novamente transfundida nos aparelhos administrativos dos Estados. Comunhão sem comunidade política, publicidade sem esfera pública: eis o perturbador. Contrariamente ao que sustentou por muito tempo um lamentável boato, o temor pânico não é conseqüência de uma fratura entre a biografia individual e as potências impessoais que regem a sociedade, mas, antes, o oposto; ele brota exatamente da calamitosa inerência do singular ao *general intellect*. Ou melhor, de inerência que se faz calamitosa por ser privada de ordenação espacial.

Que tipo de perigo e que tipo de medo implica uma comunhão sem comunidade (ou, o que é a mesma coisa, uma publicidade sem esfera pública)? Com o risco de atribuir-lhe aqui um valor meramente metafórico, há uma página de Freud que ajuda a esboçar uma resposta. Às várias formas nas quais se manifesta o perturbador, ele, sob sugestão de um paciente, inclui também a suposta "onipotência dos pensamentos". Sinistra e aterrorizante é a convicção de que os pensamentos possam adquirir vida independente, realizando-se com conseqüências bastante materiais. Essa crendice inspira-se no animismo arcaico (ou infantil), ou seja, na concepção que reconhece nas forças psíquicas a capacidade de influir no curso dos acontecimentos, esconjurando o perigo. Mas, se ressuscitado em época plenamente civilizada (ou na idade adulta), o animismo, em vez de apaziguar, assusta, por um motivo que pode ser intuído. Graças ao poder extrínseco do intelecto, ou seja, à sua imediata incidência material, qualquer pessoa é capaz de ferir nossa integridade, de nos atacar ou nos submeter. Uma vez que se torna visível, a vida da mente anula perigosamente as distâncias, produz inquietador amálgama com os outros e expõe cada um à pluralidade de seus semelhantes.

O *general intellect* dá consistência objetiva à "onipotência dos pensamentos". De modo diferente das fobias examinadas por Freud, não se trata, portanto, de uma tardia retomada de uma prática apotropaica obsoleta (além de ilusória), mas de uma proteção do mundo completamente eficaz e mais do que nunca atual. E ainda, caso sua comunhão não se torne extrínseca em uma esfera pública, o *general intellect* perturba numa forma análoga as regurgitações do animismo. Da mesma forma que o espaço físico torna possível o *múltiplo*, o espaço do intelecto é a condição da qual depende a existência da *multidão*. Se tal condição vem a falhar, os "muitos" são obrigados, tanto uns como outros, a uma espécie de ligação simbiótica, em nada inócua. Associados pela potência da mente, mas desprovidos de um âmbito no qual agir e se distanciar, eles mantêm relações não muito diversas daquelas que acontecem entre os participantes de uma sessão espírita. Relações viscosas, incontroláveis e centrípetas. Relações destituídas da mais importante prerrogativa mundana, a espacialidade. Portanto, relações caracterizadas pela *perda do mundo*. Extrínseco, mas não espacial, o *general intellect* abriga-se da ameaça do mundo-contexto, porém, privando de contexto, ou seja, de mundo, os laços entre as pessoas. E essa privação é, por sua vez, extraordinariamente ameaçadora. A conexão que cada um dos "muitos" tem com a presença do outro impregna-se de medo.

Por um lado o *compartilhar* de competências comunicativas e cognitivas genéricas torna-se o efetivo fundamento de cada tipo de *práxis*, começando pela que diz respeito ao trabalho. Contraem-se, portanto, todas as formas de ação de concerto (assim como de "socialização"), que se baseiam numa *divisão* preliminar: por exemplo, na divisão técnica do trabalho. Por outro lado, porém, o compartilhar do intelecto, se permanece não espacializado, isto é, *impolítico*, favorece uma submissão direta, não mais mediada por papéis e cargos. A comunhão simbiótica é sulcada por hierarquias arbitrárias, mas vigorosas, prensada por vínculos minuciosos: ela própria, aliás, constitui o pressuposto da contínua proliferação dessas hierarquias. A inevitável relação com a presença do outro, implicada pela publicidade da mente, mostra-se como restabelecimento universal da *dependência pessoal*. Pessoal em duplo sentido: depende-se da pessoa para isso ou para aquilo, e não de regras dotadas de anônimo poder coercitivo; quem é submetida é a pessoa por inteiro, a simples aptidão para o pensamento e à ação, em suma a "existência genérica" de cada um (para usar a expressão com a qual Marx designa a experiência do indivíduo que reflita em si e exiba exemplarmente as faculdades basilares do gênero humano). O compartilhar impolítico do *general intellect* traz consigo um perturbador "estar à mercê de". À mercê daqueles aos quais se está associado. Expostos perigosamente àquilo que é comum. Reduzidos ao perigo pela própria comunhão que, todavia, poderia salvar.

O bem-estar é o estado de espírito que sobrevém quando já se rechaçou o perturbador. É o sentimento de segurança que surge por ter-se evitado ou se desvencilhado de terríveis estratégias de segurança; por ter contrastado certos modos, esses sim efetivamente angustiantes, de fazer frente à "angústia". Como já foi dito, o bem-estar consiste em dispor de um *amparo de segundo grau*, que proteja das *temíveis proteções* elaboradas para vencer os perigos relacionados à "dimensão sensível de nosso ser". Um refúgio que preserve daquelas práticas apotropaicas em que ameaça sempre presente do mundo circunstante, se por um lado é freada, por outro, mudando de aspecto, reaparece mais violenta e, até, alcança seu clímax. Essas definições, em si ainda muito exíguas, foram-se preenchendo de determinados conteúdos. Ora, na verdade, sabemos quais são os refúgios assustadores que se contrapõem ao refúgio de segundo grau que, sozinho, pode proporcionar bem-estar. Recordemo-los de forma sumária: a comunhão não articulada espacialmente e, portanto, *simbiótica* do intelecto; a "perda de mundo", que caracteriza a relação *viscosa* com a presença do outro; um compartilhar *impolítico* da potência do pensamento, do qual decorre a proliferação de vínculos hierárquicos sub-reptícios, baseados na dependência pessoal. A natureza do perigo deixa antecipar qual deva ser a defesa adequada.

O bem-estar alimenta-se da mesma raiz que nutre o perturbador: a comunhão e a publicidade do intelecto. Ele remonta à fonte da ameaça, pelo simples motivo de que aquela também é a sua fonte. Alicerça-se naquilo que freqüentemente é ameaçador e por vezes resulta letal. Não transcende a "condição derradeira na qual se pode apresentar para nós um perigo", mas a compartilh e, por assim dizer, apropria-se dela retirando conseqüências que trazem segurança. Chamamos bem-estar à espacialização do *general intellect*: portanto, a conversão de sua comunhão em uma comunidade política; portanto, a curvatura de sua publicidade numa esfera pública. O compartilhar *político* da vida da mente é justo aquele abrigo de segundo grau que se esforça para obter segurança não irrisória (nem, por sua vez, assustadora). A possibilidade de que a potência do pensamento se manifeste como espaço político, ou melhor, como República da multidão: é essa, talvez, uma transcrição materialista plausível da instância de proteção inerente ao sublime dinâmico.

A esfera pública do intelecto não é, aliás, uma eventualidade qualquer, mas a discriminação que obriga a repensar, desde o princípio, os grandes temas em torno dos quais se debate a filosofia política moderna: obediência, democracia, inimizade, violência e estado de exceção. Basta mencionar aqui, a título de exemplo, a transformação à qual está sujeito o conceito de multidão. Esse conceito (com o qual Hobbes pretendeu assinalar a máxima perfídia do Estado, e Spinoza, a raiz da liberdade) não pode nunca ser separado do outro, simétrico, de unidade. Os "muitos" necessitam de qualquer modo do "um", de um *quid* que os unifique. Tudo reside, portanto, em definir *qual* seja o princípio unificador. Para Hobbes, mas também para a tradição social-democrata, tal princípio é o Estado. Salvo que, uma vez submetida ao "supremo império", a multidão, mais do que encontrar coesão, deixa simplesmente de ser tal, passando a ser seu contrário, o "povo", do qual, segundo Hobbes, é preciso dizer: "é algo de *uno*, que tem uma vontade *única*". O habitual conceito de multidão é, portanto, negativo ou intersticial, útil somente para indicar a desordem que precede a instituição do Estado ou os tumultos que acompanham as suas crises temporárias. A situação muda, até toma o rumo contrário, assim que se aviste o elo entre os "muitos" em sua comum participação na potência da mente. Por esse ângulo, a multidão não é um aglomerado de partículas ao qual *ainda* faz defeito a unidade, mas a duradoura forma de existência política que se afirma *a partir de* um "uno" radicalmente heterogêneo ao Estado: o intelecto público. A unidade não é conclusão, mas *incipit*; a multidão é um resultado, não um pressuposto. Os "muitos" jamais convergem para a *volonté générale*, porque já compartilham o *general intellect*. Eles, persistindo enquanto "muitos", colocam em dúvida a ulterior persistência daquele "monopólio da decisão política" que carrega o nome de Estado. A esfera pública do intelecto corrói e desarranja o próprio fundamento da estatização. Mas tudo isso, que fique claro, é apenas uma alusão sumária a questões cujo exame exigiria obra à parte.

É necessário precisar, enfim, a relação entre o conceito de esfera pública, ou melhor, de bem-estar, e os outros aspectos da idéia de mundo (de forma a ressaltar plenamente o significado cosmológico daquela esfera, a sua contribuição a uma *cosmologia rationalis* em nada metafísica). Em termos wittgensteinianos, o problema soaria assim: qual é a conexão que liga o sentimento de absoluta *segurança* ao sentimento de *maravilhamento* diante da existência do mundo? E, em termos kantianos: qual é o ponto de confluência, ou até mesmo de não diferenciação, entre sublime dinâmico (superioridade do Eu moral em relação aos perigos mundanos) e sublime matemático (consideração do mundo como "totalidade inteiramente conhecida")? Os argumentos expostos no presente ensaio impõem, contudo, uma diversa formulação do mesmo problema. Em jogo está, agora, a unidade (assim como a recíproca remissão) entre a percepção do *contexto sensível* e a pertinência a um *contexto político*.

A experiência da *esfera pública* é afim à experiência da *natureza bruta*: ela a reforça, ou melhor, duplica-a. Assim como a matéria amorfa, que nos envolve por todos os lados, como um *continuum* não passível de decomposição em unidades discretas, também a esfera pública é "tudo em volta", jamais "de frente". Se a primeira é percebida pelo olhar de soslaio, a segunda, de modo absolutamente simétrico, faz-se perceber na onilateral exposição do indivíduo à vista dos demais (da multidão que constitui o imprescindível "tudo em volta" de quem quer que empreenda uma ação política). Tanto a natureza bruta quanto a esfera pública têm contornos incertos, permanecem perenemente fora de foco e opacas, ultrapassam toda e qualquer representação. Uma e outra não são algo "inteiramente conhecido", tratando-se mais, em ambos os casos, de um *contexto* sempre e apenas *potencial*: o sensível informe é a "carne do *possível*", a esfera pública é a *potência* do intelecto. A analogia vale também no negativo. Como a regressão ao infinito (provocada pelo pensamento do mundo enquanto "totalidade absoluta") distorce e oculta a percepção do contexto material, também a falta de espacialidade do *general intellect* inibe a formação de um contexto político. A publicidade sem esfera pública tem seu correspondente teórico na interminável fuga regressiva por meio da qual se procura em vão compreender o mundo em sua "inteira grandeza".

O significado cosmológico da esfera pública consiste, portanto, em *duplicar a experiência de mundo* desde já, sempre realizada em relação à natureza bruta. Quando há pouco afirmamos que o bem-estar não transcende a "condição última" do perigo, mas a compartilha e dela se apropria, até encontrar ali um abrigo, estávamos nos referindo, implicitamente, a uma duplicação desse tipo. É o mesmo que dizer a *repetição ético-política do contexto sensível* por parte de um intelecto, cuja potência se exteriorize espacialmente como esfera pública. É essa repetição ético-política da experiência do mundo que faz com que o maravilhamento se transforme em *segurança*.

Bibliografia

Estão listadas a seguir somente as obras citadas no texto, acrescentando em alguns casos a indicação do capítulo, ou parágrafo ou trecho citado, de forma prevalente ou exclusiva, ao longo da argumentação.

ARISTÓTELES, *Retorica* (I, 2, 1358 a). *Dell'Anima* (III, 429a-430a). *Propreptico* (B59). Edição italiana: Aristóteles, *Opere complete*, 11 vol., Laterza, nos volumes X, IV e XI, respectivamente.

WALTER BENJAMIN, *Piccola storia della fotografia*, in ID, *L'opera d'arte nell'epoca della sua riproducibilità tecnica*, tradução italiana de Enrico Filippini, Einaudi, Turim, 1960. *Esperienza e povertà*, in AA.VV., *Critica e storia*, Cluva Libreria Editrice, Veneza, 1980. Tradução italiana de Fabrizio Desideri (publicada na revista "Metaphorein", n.3, 1978). *Giocattolo e gioco* (resenha do livro de Karl Gröber, *Kinderspielzeug aus alter Zeit. Eine Geschichte des Spielzeugs*, Berlim, 1928), in ID, *Critiche e recensioni*, tradução italiana de Anna Marietti Solmi, Einaudi, Turim, 1979.

SIGMUND FREUD, *Il Perturbante*, in ID, *Saggi sull'arte la letteratura e il linguaggio*, Boringhieri, Turim, 1969, tradução italiana de Silvano Daniele; edição brasileira *Edição* Standard *das Obras Psicológicas Completas de Sigmund Freud*, volume XXVII, pp. 275, texto de 1919, Imago Editora, Rio de Janeiro.

GEORG WILHELM FRIEDRICH HEGEL, *Estetica* (Segunda Parte, seção I, capítulo II, "Il simbolismo del sublime"). Edição italiana organizada por Nicolao Merker, Einaudi, Turim, 1972. *Scienza della logica* (Primeiro Livro, Seção II, Capítulo II, C, "L'infinità quantitativa"). Tradução italiana de Arturo Moni, Laterza, Bari, 1974.

MARTIN HEIDEGGER, *Essere e tempo* (Parágrafo 40, "La situazione emotiva fondamentale dell'angoscia come apertura caratteristica dell'Esserci"). Tradução italiana de Pietro Chiodi, Longanesi, Milão, 1976. Edição Brasileira: *Ser e Tempo* (Parágrafo 40, "A disposição fundamental da angústia como abertura privilegiada da presença"; pp. 247) Tradução brasileira de Márcia de Sá Cavalcante, Editora Vozes, Petrópolis, 1993. *Concetti fondamentali della metafisica. Mondo finitezza solitudine* (Primeira Parte, Capítulo IV, "La terza forma di noia: la noia profonda come l'uno si annoia"). Edição italiana organizada por Carlo Angelino, Il Melangolo, Gênova, 1992.

THOMAS HOBBES, *De cive* (XII, 8). Edição italiana organizada por Tito Magri, Editori Riuniti, Roma, 1979.

ROMAN JAKOBSON, *Il farsi e il disfarsi del linguaggio. Linguaggio infantile e afasia*, tradução italiana de Lidia Lonzi, Einaudi, Turim, 1971.

IMMANUEL KANT, *Critica della ragion pura* (Segunda Parte, II, Livro Segundo, Capítulo II, "L'antinomia della ragion pura"). Tradução italiana de Giovanni Gentile e Giuseppe Lombardo-Radice; editado por Vittorio Mathieu, Laterza, Bari, 1977. *Critica del giudizio* (Primeira Parte, Livro Segundo, "Analitica del sublime"). Tradução italiana de Alfredo Gargiulo, edição revista por Valerio Verra, Laterza, Bari, 1974. *La fine di tutte le cose*, in Id., *Scritti sul criticismo*, organizado por Giuseppe De Flaviis, Laterza, Bari, 1991.

GIACOMO LEOPARDI, *Zibaldone di pensieri* (140; 141; 3714; 3715) Seleção organizada po Anna Maria Moroni, Mondatori, Milão, 1972.

KARL MARX, *Lineamenti fondamentali della critica dell'economia politica* (Quaderno VII, "La contraddizione della produzione borghese", "Sviluppo del capitale fisso"). Edição italiana organizada por Enzo Grillo, La Nuova Italia, Florença, 1968-70. *Manoscritti economico-filosofici del 1844* (terceiro manuscrito, "Proprietà privata e comunismo"), in ID, *Opere filosofiche giovanili*, organizada por Galvano della Volpe, Editori Riuniti, Roma, 1950.

MAURICE MERLEAU-PONTY, *Il visibile e l'invisibile*, edição italiana organizada por Mauro Carbone, Bompiani, Milão, 1993.

WILLARD VAN ORMAN QUINE, *Riferimento e modalità*, in ID, *Il problema del significato*, tradução italiana de Enrico Ristretta, Ubaldini Editore, Roma, 1966.

FRIEDRICH SCHILLER, *Del sublime*, edição italiana organizada por Luigi Reitani, SE, Milão, 1989.

ALFRED SOHN-RETHEL, *Lavoro intellettuale e lavoro manuale. Per la teoria della sintesi sociale*, tradução italiana de Francesco Coppellotti, Feltrinelli, Milão, 1977.

LUDWIG WITTGENSTEIN, *Tractatus logico-philosophicus*, introdução de Bertrand Russell, organizada por Amedeo G. Conte, Einaudi, Turim, 1989. *Conferenza sull'etica*, in Id. *Lezioni e conversazioni sull'etica, l'estetica, la psicologia e la credenza religiosa*, edição italiana organizada por Michele Ranchetti, Adelphi, Milão, 1967.

Virtuosismo e Revolução

A teoria política do Êxodo

1. AÇÃO, TRABALHO E INTELECTO

Não há nada que pareça mais enigmático hoje do que a ação. Enigmático e inalcançável. Alguém, de brincadeira, poderia dizer: se ninguém me pergunta o que é ação política, parece-me sabê-lo; mas se devo explicá-la, o tal suposto saber se dissolve em uma ladainha desarticulada. E, no entanto, que outra noção é mais familiar, no falar comum, do que a ação? Por que o óbvio se cobriu de mistério e suscita maravilhamento? Para responder a essa pergunta, não basta mobilizar o pelotão habitual de sagradas razões *prêtes-à-porter*: relações de forças desfavoráveis, o eco persistente de derrotas sofridas, a resignação arrogante que a ideologia pós-moderna não pára de fomentar. Tudo isso conta, certamente, mas, por si só, nada explica. Pelo contrário, confunde, uma vez que permite acreditar que se esteja atravessando um túnel sem luz, ao fim do qual as coisas voltarão a ser como antes. Por outro lado, a paralisia da ação está conectada a aspectos essenciais da experiência contemporânea. E são esses aspectos que têm de ser aprofundados, sabendo que não representam uma conjuntura desafortunada, mas uma paisagem inconfundível. Para quebrar o sortilégio, é preciso elaborar um modelo de ação que permita a esta última trazer seu alimento exatamente do que agora determina seu bloqueio. É a própria proibição que se deve transformar em salvo-conduto.

Segundo longa tradição, o âmbito da ação política pode ser identificado de forma segura traçando-se duas linhas que o limitem. A primeira, relativa ao *trabalho*, a seu caráter instrumental e taciturno, àquele automatismo que o transforma em processo repetitivo e previsível. A segunda, relativa ao *pensamento puro*, à sua índole solitária e não aparente. De forma diferente do trabalho, a ação política intervém sobre as relações sociais, não sobre as matérias naturais. Tem a ver com o possível e com o imprevisto; modifica o contexto em que se insere, em vez de preenchê-lo com novos objetivos. De forma diferente da reflexão intelectual, a ação é pública, entregue à exterioridade, à contingência, ao murmúrio da multidão. É o que ensina a longa tradição. Eis aqui, contudo, algo com que não se pode mais contar. As fronteiras demarcadas entre Intelecto, Trabalho, Ação (ou, se preferir, entre teoria, poiésis e *práxis*) desmoronaram e por toda parte se assinalam infiltrações e postos avançados.

Nestas notas sustenta-se: a) que o Trabalho absorveu os traços distintivos da ação política; b) que tal anexação tornou-se possível graças à conspiração entre a produção contemporânea e um Intelecto tornado *público*, isto é, irrompido no mundo das aparências. Por último, é a própria simbiose entre Trabalho e *general intellect* que provoca o eclipse da Ação, o "saber social geral" que, segundo Marx, imprime sua forma ao "próprio processo vital da sociedade".[1] Apresentam-se, em seguida, as seguintes hipóteses: a) o caráter público e mundano "*do Nous*", ou seja, a potência material do *general intellect* constitui o ponto de partida inevitável para redefinir não só a práxis política, como também seus problemas proeminentes: poder, governo, democracia, violência etc. Em poucas palavras, a coalizão entre Intelecto e Trabalho deve ser oposta àquela entre Intelecto e Ação; b) enquanto a simbiose entre saber e produção procura a extrema, anômala e todavia vigorosa legitimação do pacto de obediência em relação ao Estado, a conexão entre *general intellect* e Ação política deixa entrever a possibilidade de uma *esfera pública não estatal*.

2. ATIVIDADE SEM OBRA

O já pouco nítido limite entre Trabalho e Ação desapareceu, afinal, completamente. Segundo Hannah Arendt (e aqui se deseja entrar em confronto crítico, ou melhor, em atrito com suas posições), a hibridização se deve ao fato de que a *práxis* política moderna introjetou o modelo do Trabalho, assemelhando-se cada vez mais ao processo de *fabricação* (cujo "produto" é, de quando em quando, a história, o Estado, o partido etc.).[2] Esse diagnóstico deve ser invertido. O que realmente conta não é que a ação política tenha sido concebida como um produzir, mas que esse ato de produzir tenha absorvido para si muitas prerrogativas da ação. Na época pós-fordista é o Trabalho que adquire as feições da Ação: imprevisibilidade, capacidade de começar tudo de novo, *performances* lingüísticas, habilidade de industriar-se entre possibilidades alternativas. Com uma conseqüência fatal: com relação a um Trabalho repleto de requisitos típicos da ação, a passagem à Ação revela-se como *decadência* ou, no melhor dos casos, *duplicação* supérflua. Decadência, mais especificamente: estruturada segundo uma lógica rudimentar de meios/fins, a política oferece rede comunicativa e conteúdo cognitivo mais pobres do que aqueles postos em prática no atual processo produtivo. Menos complexa do que o Trabalho, ou a ele muito similar, a Ação mostra-se, todavia, pouco desejável.

2.1 Em *Capítulo sexto inédito* (mas também, com palavras quase idênticas, em *Teorias sobre a mais-valia*), Marx analisa o trabalho intelectual e o divide em duas categorias principais. De um lado, existe a atividade imaterial que "tem por resultado mercadorias com existência independente do produtor [...] livros, quadros, objetos de arte em geral, distintos da prestação artística de quem os escreve, pinta ou cria". Por outro lado, devem ser consideradas todas as atividades em que "o produto é inseparável do ato de produzir";[3] são, portanto, aquelas atividades que encontram seu cumprimento em si mesmas, sem objetivar-se em uma obra que as exceda. A segunda espécie de trabalho intelectual está bem exemplificada pelos artistas executores, por exemplo, um pianista ou um bailarino, mas compreende também, genericamente, todos aqueles cujo trabalho se resolve em uma *execução virtuosística*: oradores, professores, médicos, padres. Em suma, trata-se de uma gama muito diferenciada de tipos humanos, que se estende desde Glenn Gould até o impecável mordomo de tantos romances ingleses.

Para Marx, das duas categorias de trabalho intelectual, só a primeira parece estar completamente incluída na definição de "trabalho produtivo" (segundo a qual só o trabalho que busca a mais-valia merece tal definição, e não aquele que é apenas útil ou apenas cansativo). Os virtuosos, que se limitam a executar uma "partitura" e não deixam traços duradouros de sua obra, por um lado são de "uma grandeza infinitésima em relação à massa da produção capitalista", mas por outro lado devem ser considerados executores de "trabalho assalariado que não é ao mesmo tempo trabalho produtivo".[4] Enquanto podemos entender a observação marxista sobre a irrelevância quantitativa dos virtuosos sem nenhuma dificuldade, o veredicto de "improdutividade", emitido a seu propósito, provoca alguma perplexidade. Em princípio, nada impede que o bailarino dê lugar a "mais-valia"; salvo que, para Marx, a ausência de obra que sobreviva à atividade associa o moderno virtuosismo intelectual a todas aquelas prestações que fornecem *serviços pessoais*: esses sim, sempre improdutivos, uma vez que para obtê-los se despende renda, e *não* capital. O "artista executor", ao mesmo tempo submisso e parasitário, cai por fim no limbo do trabalho servil.

As atividades cujo "produto é inseparável do ato de produzir" têm estatuto mercurial e ambíguo, que nem sempre é completamente compreendido pela crítica da economia política. O motivo dessa dificuldade é simples: muito antes de ser englobado pela produção capitalista, o virtuosismo foi a arquitrave da ética e da política. E mais: qualificou a Ação como distinta do Trabalho (ou melhor, a ele oposta). Escreve Aristóteles: "O fim da produção é diferente da produção em si; ao passo que não poderia ser assim com a ação, uma vez que a própria conduta virtuosística é um fim."[5] Aparentada desde o início com a busca da "boa vida", a atividade que se manifesta como "conduta" e não necessita perseguir um objetivo extrínseco coincide, sem dúvida, com a *práxis* política. Segundo Arendt, "as artes que não realizam nenhuma 'obra' têm grande afinidade com a política. Os artistas que as produzem — dançarinos, atores, músicos e similares — precisam de público a quem mostrar seu virtuosismo, como os homens que agem precisam de outras pessoas diante das quais comparecer: uns e outros, para 'trabalhar', precisam de espaço de estrutura pública, e em ambos os casos a sua 'execução' depende da presença de outrem".[6]

Pianista e bailarino estão em equilíbrio precário sobre um crinal, que separa dois destinos antitéticos: por um lado, podem tornar-se exemplos de "trabalho assalariado que não é, ao mesmo tempo, trabalho produtivo"; por outro lado, aludem à ação política.[7] Natureza anfíbia, a deles. Mas, até aqui, cada um dos desenvolvimentos potenciais inatos à figura do artista executor — poiésis ou *práxis*, Trabalho ou Ação — parece excluir a tendência oposta. O *status* de trabalhador assalariado se afirma a despeito da vocação política, e vice-versa. No entanto, a partir de determinado ponto, a alternativa se transforma em cumplicidade, o *aut*-

aut é substituído por um paradoxal *et-et*: o virtuoso trabalha (ou melhor, é trabalhador *par excellence*) não *apesar*, mas *exatamente porque* a sua atividade lembra de perto a *práxis* política. A dilaceração metafórica tem fim, e, na nova situação, as análises antípodas de Marx e Arendt já não podem ajudar.

2.2. Na organização produtiva pós-fordista, a atividade-sem-obra deixa de ser um caso especial e problemático para tornar-se o protótipo do trabalho assalariado em geral.

Não é o caso de recapitular, neste ponto, as análises circunstanciais já realizadas; basta resumi-las. Quando o trabalho desempenha as tarefas de vigilância e coordenação, ou seja, quando "se coloca *ao lado* do processo de produção imediato em vez de ser seu principal agente",[8] suas tarefas não consistem mais na realização de um único objetivo em particular, mas em modular (e também variar e intensificar) a *cooperação* social: isto é, o conjunto de relações e conexões sistêmicas que constituem, agora, o autêntico pilar da produção e da riqueza.[9] Tal modulação acontece mediante prestações lingüísticas que, longe de dar lugar a um produto final, se esgotam na interação comunicativa que sua própria execução determina.

A atividade pós-fordista pressupõe, e ao mesmo tempo reelabora continuamente, o "espaço de estrutura pública" (espaço da cooperação, justamente) mencionado por Arendt como requisito indispensável, seja para o bailarino, seja para o político. A "presença alheia" é, simultaneamente, instrumento e objeto do trabalho: portanto, os procedimentos produtivos requerem sempre certo grau de virtuosismo, ou melhor, implicam verdadeiras *ações políticas.*[10] A intelectualidade de massa (termo desajeitado com que se procurou indicar não só uma faixa específica de ocupações, mas uma qualidade de *toda* a força de trabalho pós-fordista) foi chamada a exercitar a arte do possível, a enfrentar o imprevisto, a aproveitar a ocasião. Quando a sentença heráldica do trabalho produtivo da mais-valia torna-se, sarcasticamente, *politique d'abord!*, a política *stricto sensu* fica desautorizada ou paralisada.

Qual é o significado, enfim, do *slogan* capitalista sobre a "qualidade total", a não ser a solicitação de outorgar ao trabalho tudo aquilo que, tradicionalmente, é alheio ao trabalho, isto é, a habilidade comunicativa e o gosto pela Ação? E como se pode englobar no processo produtivo toda a experiência do indivíduo, senão o obrigando a uma seqüência de variações sobre o tema, *performances*, improvisações? Tal seqüência, parodiando a auto-realização, na realidade marca o ponto máximo da submissão. Ninguém é tão pobre como aquele que vê sua própria relação com a "presença alheia", ou seja, o próprio ter-linguagem reduzido a trabalho assalariado.[11]

3. O INTELECTO PÚBLICO, PARTITURA DOS VIRTUOSOS

Qual é a partitura que os trabalhadores pós-fordistas não param de executar desde que foram induzidos a dar provas de virtuosismo? A resposta, de forma muito simples, soa assim: a partitura *sui generis* do trabalho contemporâneo é o Intelecto em sua condição de intelecto público, *general intellect*, saber social global, competência lingüística comum. Poder-se-ia dizer também: a produção exige virtuosismo e, assim, introjeta muitos traços peculiares da ação política, justamente e apenas porque o Intelecto tornou-se a principal força produtiva, premissa e epicentro de qualquer poiésis.

A mesma idéia de um *intelecto público* é descartada com impaciência por Hannah Arendt, em cuja opinião, a reflexão, o pensamento — em poucas palavras, a vida da mente — não tem o que partilhar com "o cuidado pelos negócios comuns", que implica, essa sim, "a exposição aos olhos alheios". A intromissão do Intelecto no mundo das aparências é por sua vez dissimulada por Marx, em um primeiro momento, com o conceito de "abstração real" e, depois, sobretudo com o de *general intellect*. Enquanto a abstração real é fato empírico (a troca de equivalentes, por exemplo) que tem a estrutura rarefeita de um pensamento puro, o *general intellect* marca, preferencialmente, o estágio em que se encontram os pensamentos puros como tais, tendo o valor e a incidência típica dos fatos (se quisermos, o estágio no qual as abstrações mentais são, imediatamente de per si, abstrações reais).

Marx, porém, concebe o *general intellect* como "capacidade científica objetivada" no sistema de máquinas, portanto, como capital fixo. Desse modo, ele reduz o aspecto vistoso ou a publicidade do Intelecto à aplicação tecnológica das ciências naturais ao processo produtivo. O passo crucial consiste, em vez disso, em dar o máximo relevo à parte pela qual o *general intellect*, em vez de *machina machinarum*, se apresenta enfim como atributo direto do trabalho vivo, repertório da *intelligentsia* difusa, partitura que junta uma multidão. Ao cumprir tal passo, obriga, por outro lado, uma análise da produção pós-fordista: nessa, de fato, têm papel decisivo constelações conceituais e esquemas de pensamento que jamais se podem condensar em capital fixo, sendo, porém, indivisíveis na interação de uma pluralidade de sujeitos viventes. Não está em questão, obviamente, a erudição científica do trabalhador como indivíduo. Em primeiro plano vêm, atingindo a categoria de recurso público, não somente (mas esse "somente" é tudo) as mais genéricas disposições da mente: faculdade de linguagem, disposição para o aprendizado, capacidade de abstrair e correlacionar, acesso à auto-reflexão.

Por *general intellect* é preciso entender, ao pé da letra, *intelecto em geral*. Ora, em si mesmo, Intelecto-em-geral só constitui "partitura" em sentido amplo. É claro que não se trata de uma composição específica (suponhamos, as "Variações Goldberg", de Bach) tocada por um incomparável músico competente (suponhamos, Glenn Gould), mas de uma simples faculdade, ou melhor, da faculdade que torna possível toda composição (mas também toda experiência). A execução virtuosística, que nunca dá lugar a uma obra, nesse caso não pode nem mesmo ser pressuposta. Ela consiste no fazer ressoar o Intelecto em sua *condição* de vocação. A sua única "partitura" é, *como tal*, a condição de possibilidade de todas as partituras. Esse virtuosismo não é de fato incomum nem requer qualquer talento raro. Basta pensar no ato com que qualquer falante atinge a inexaurível potencialidade da língua (o contrário de uma "obra" definida) para executar uma única e eventual enunciação.

3.1 O Intelecto torna-se público quando se une ao Trabalho. Todavia, uma vez unido ao Trabalho, sua publicidade típica é também inibida e distorcida. Continuamente evocada enquanto força produtiva, ela é continuamente suprimida enquanto esfera pública propriamente dita, eventual raiz da ação política, princípio constitucional distinto.

O *general intellect* é o fundamento de uma cooperação social mais ampla do que aquela específica do trabalho. Mais ampla e, ao mesmo tempo, completamente heterogênea. Enquanto as conexões do processo produtivo se baseiam na divisão técnica e hierárquica das funções, o agir-de-concerto com base no *general intellect* move-se da comum participação à "vida da mente", ou seja, do preliminar compartilhamento de habilidades comunicativas e cognitivas. Todavia, a cooperação *excedente* do intelecto, em vez de suprimir as coações da produção capitalista, aparece como seu mais eminente instrumento. Sua heterogeneidade não tem voz nem visibilidade. Ao contrário, já que a aparência do intelecto torna-se o pré-requisito técnico do Trabalho, o agir-de-concerto extraprodutivo que ela provoca é por sua vez submetido aos critérios e às hierarquias que caracterizam o regime de fábrica.

São duas as principais conseqüências dessa situação paradoxal. A primeira diz respeito à natureza e à forma do poder político. A peculiar publicidade do intelecto, separada de sua própria expressão por aquele Trabalho que ao mesmo tempo a reivindica como força produtiva, manifesta-se indiretamente no âmbito do Estado, mediante o *crescimento hipertrófico dos aparelhos administrativos*. A administração não é mais o sistema político parlamentar, é o coração da estatualidade: mas o é, justamente, porque representa uma solidificação autoritária do *general intellect*, o ponto de fusão entre saber e comando, a imagem invertida da cooperação excedente. É bem verdade que há décadas se assinala o peso crescente e determinante da burocracia no "corpo político", a primazia do decreto em relação à lei: aqui, porém, se quer indicar um limiar inédito. Esquematicamente, não estamos mais diante dos processos conhecidos de racionalização do Estado, mas, ao contrário, agora é preciso constatar o advento da *estatização do Intelecto*. A antiga expressão "razão de Estado" adquire, pela primeira vez, significado não metafórico. Se Hobbes e os outros grandes teóricos da "unidade política" divisavam o princípio de legitimação do poder absoluto na *transferência* do direito natural de cada indivíduo à pessoa do soberano, agora, em vez disso, seria necessário referir a *transferência* do Intelecto, ou melhor, sua imediata e irredutível publicidade à Administração estatal.

A segunda conseqüência é relativa à natureza efetiva do regime pós-fordista. Uma vez que o "espaço da estrutura pública" aberto pelo Intelecto é reduzido todas as vezes, e desde o princípio, à cooperação produtiva, isto é, a uma densa rede de relações hierárquicas, a função decisiva que tem a presença alheia em todas as operações produtivas concretas toma a forma de *dependência pessoal*. Em outras palavras: a atividade virtuosística se mostra como *trabalho servil* universal. A afinidade entre o pianista e o garçom que Marx tinha vislumbrado encontra inesperada confirmação no período em que todo o trabalho assalariado tem algo do "artista executor". Quando "o produto é inseparável do ato de produção", esse ato alude à pessoa que o realiza e, sobretudo, à relação entre ela e quem o encomendou ou a quem é dirigido. O dar ao trabalho aquilo que é *comum*, quer dizer, o Intelecto e a Linguagem, se por um lado torna fictícia a divisão técnica impessoal das funções, por outro, não se traduzindo tal comunhão em uma "esfera pública" (portanto, em uma comunidade política), induz a uma personalização viscosa da sujeição.[12]

4. ÊXODO

A pedra angular da ação política (ou melhor, o passo que, sozinho, pode subtraí-la da paralisia atual) consiste no desenvolver a publicidade do Intelecto fora do Trabalho, em oposição a ele. O problema mostra duas configurações distintas, entre as quais, porém, vigora a mais estreita complementaridade. Por um lado, o *general intellect* afirma-se como esfera pública autônoma, evitando, portanto, a "transferência" da própria potência ao poder absoluto da Administração, somente se for cortada a corrente que o prende à produção de mercadorias e ao trabalho assalariado. Por outro lado, a subversão das relações capitalistas de produção pode se manifestar, agora somente com a instituição de uma esfera pública não governamental, de uma comunidade política que tenha a seu serviço o *general intellect*. Os traços que sobressaem da experiência pós-fordista (virtuosismo servil, valorização da própria faculdade de linguagem, inevitável relação com a "presença alheia" etc.) postulam, como contrapartida conflituosa, nada menos que uma forma radicalmente nova de democracia.

Chamemos de Êxodo a defecção de massa para fora do Estado, a aliança entre *general intellect* e Ação política, o trânsito em direção à esfera pública do Intelecto. O termo, portanto, não indica absolutamente uma triste estratégia existencial, nem a saída furtiva por uma porta secundária e nem a busca de um interstício que ofereça abrigo. Ao contrário, com "êxodo" se entende um modelo de ação completamente nítido, capaz de medir-se com as "últimas coisas" da política moderna; em resumo, com os grandes temas articulados por Hobbes, Rousseau, Lenin, Schmitt (pense-se em duplas cruciais como comando/obediência, público/privado, amigo/inimigo, consenso/violência etc.). Hoje, como aconteceu no século XVII sob o aguilhão das guerras civis, deve ser definido um *âmbito dos negócios comuns*. Tal perímetro deve exibir a oportunidade de liberdade inerente àquele entrelaçamento inédito entre Trabalho, Ação e Intelecto, que até agora, no entanto, apenas sofremos.

4.1. O Êxodo é a fundação de uma República. Mas a própria idéia de "república" exige a dispensa do ordenamento governamental. Se República, não é mais Estado. A ação política do êxodo consiste, portanto, em *arrojada subtração*. Só quem abre para si mesmo uma rota de fuga pode fundar, e, inversamente, só quem funda consegue achar a passagem para abandonar o Egito. Dando prosseguimento a essas notas, quer-se circunstanciar o tema do Êxodo, isto é, da ação como *arrojada subtração* (ou despedida fundadora), mediante uma série de palavras-chave. Eis as principais: Desobediência, Intemperança, Multidão, Soviet, Exemplo, Direito de Resistência, Milagre.

5. A VIRTUDE DA INTEMPERANÇA

A "desobediência civil" representa, hoje, a forma básica e imprescindível de ação política, porém, sob a condição de emancipá-la da tradição liberal em que está encapsulada. Não se trata de descumprir uma lei específica porque é incoerente ou contraditória em relação a outras normas fundamentais, por exemplo, o texto constitucional: em tal caso, com efeito, a renitência só testemunharia lealdade mais profunda ao comando estatal. Ao contrário, por mais utópicas que possam ser suas manifestações singulares, a Desobediência radical que interessa aqui deve pôr em questão as mesmas faculdades de comandar do Estado.

Segundo Hobbes, com a instituição do "corpo político" nós nos obrigamos a obedecer *antes* mesmo de saber o que nos será ordenado. "A obrigação de obediência, que é a força que valida as leis civis, precede hoje a lei civil."[13] Por isso, não se achará uma lei particular que determine explicitamente não se rebelar. Se a aceitação incondicional do comando já não fosse *pressuposta*, as disposições legislativas concretas (inclusive, obviamente, aquela que reza "não te rebelarás") não teriam nenhuma validade. Hobbes sustenta que o vínculo originário de obediência deriva da "lei natural", isto é, do interesse comum na autoconservação e na segurança. Apressa-se, entretanto, a acrescentar, a lei "natural", ou seja, a Superlei que obriga a observar todas as ordens do soberano só se torna efetivamente lei "quando se saiu do estado de natureza, portanto quando o Estado está instituído". Delineia-se, assim, um autêntico paradoxo: a obrigação de obediência é, concomitantemente, causa e efeito da existência do Estado, é sustentada por aquilo que também constitui seu fundamento, precede e segue ao mesmo tempo a formação do "supremo império".

A ação política mira a obediência preliminar e sem conteúdo, e apenas sobre a sua base pode desenvolver-se, depois, a dialética melancólica da condescendência e "transgressão". Transgredindo um preceito particular sobre o desmantelamento da proteção social, ou sobre o bloqueio da imigração, retoma-se o pressuposto oculto de todo o preceito imperativo e se lhe corrói a vigência. A Desobediência radical também "precede as leis civis", uma vez que não se limita a violá-las, mas coloca em causa seu fundamento de validade.

5.1. Um Hobbes de fim de milênio para justificar a obrigação preventiva de submissão, mais do que a uma "lei natural", deveria apelar à racionalidade técnica do processo produtivo, ou seja, ao "intelecto geral" como organização despótica do Trabalho assalariado. A "lei do *general intellect*", na mesma condição da lei natural, tem estrutura paradoxal: se, por um lado, parece fundar o comando da Administração estatal, exigindo o respeito a qualquer decisão que ela possa tomar, por outro, porém, se apresenta como uma verdadeira *lei* só porque (e depois que) a Administração já exerce comando incondicionado.

A Desobediência radical quebra esse círculo virtuoso, segundo o qual o Intelecto público figura, ao mesmo tempo, como premissa e conseqüência do Estado. Quebra-o com o movimento duplo do qual já se falou. Antes de mais nada, faz notar e desenvolve positivamente os aspectos do *general intellect* que destoam da permanência tardia do Trabalho assalariado. Sobre essa base faz valer a potência prática do Intelecto contra o poder de decisão da Administração. Desvinculado da produção de mais-valia, o Intelecto não é mais a "lei natural" do capitalismo tardio, mas a matriz de uma República não estatal.

5.2. Os conflitos sociais são terreno de cultura da Desobediência, que se manifestam não só e não tanto como *protesto*, mas também sobretudo como defecção (para dizê-lo como Albert O. Hirschmann,[14] não como *voice*, mas como *exit*).

Não há nada mais passivo que uma fuga. O *exit* modifica as condições nas quais o conflito acontece, em vez de o pressupor como horizonte inamovível; muda o contexto no qual surgiu um problema em vez de enfrentar este último, escolhendo alguma das alternativas previstas. Em poucas palavras, o *exit* consiste em invenção audaciosa que altera as regras do jogo e enlouquece a bússola do adversário. Basta pensar na fuga em massa do regime de fábrica, posta em prática pelos operários americanos na metade do século XIX. Avançando pela "fronteira" para colonizar terras a baixo custo, eles aproveitaram uma oportunidade realmente extraordinária para tornar *reversível* sua própria condição de partida.[15]

Algo similar aconteceu no final dos anos 1970, na Itália, quando a força de trabalho juvenil, contrariando todas as expectativas, preferiu o trabalho temporário e o *part-time* ao emprego fixo na grande empresa. Mesmo que por um breve período, a mobilidade ocupacional funcionou como recurso político, provocando o eclipse da disciplina industrial e permitindo um certo grau de autodeterminação por parte dos trabalhadores. Também nesse caso foram abandonados os papéis preestabelecidos e foi colonizado um "território" ignorado pelos mapas oficiais.

A defecção é antípoda do desesperado "nada se tem a perder além das próprias correntes": baseia-se sobre uma riqueza latente, uma exuberância de possibilidades, em suma, sobre o princípio do *tertium datur*. Mas qual é, no período pós-fordista, a abundância virtual que requer a opção-fuga em detrimento da opção-resistência? Não está em jogo, evidentemente, uma "fronteira" espacial, mas o excedente de conhecimentos, comunicações, o agir-de-acordo implicados pela publicidade do *general intellect*. O ato de imaginação coletiva que chamamos "defecção" dá expressão autônoma, afirmativa, em alto-relevo a esse excedente, impedindo "assim" sua "transferência" para o poder da Administração estatal.

A Desobediência radical comporta, então, um conjunto de *ações positivas*. Não é uma omissão ressentida, mas empreendida. A ordem soberana continua não-executada porque, além de tudo, estamos demasiadamente ocupados em elaborar diversamente a questão que ela pretenderia resolver.

5.3 Convém lembrar a distinção — muito nítida na ética antiga, mas depois quase sempre negligenciada — entre "intemperança" e "incontinência". Enquanto esta última é uma desregulamentação vulgar, desconhecimento das leis, anuência aos desejos mais imediatos, a Intemperança consiste, por sua vez, em opor conhecimento intelectual à norma ético-política. Como princípio inspirador da ação adota-se uma premissa "teorética" em lugar de uma "prática", com conseqüências extravagantes e perigosas para a harmonia da vida associada. O Intemperante é um vicioso, segundo Aristóteles, porque justapõe e confunde dois gêneros de discurso essencialmente diferentes.[16] Ele não ignora a lei, nem se contenta em contestá-la, mas a desautoriza do modo mais grave, pois faz derivar dela uma conduta pública do Intelecto puro que, gozando de âmbito próprio, não deveria interferir nos fatos da *polis*.

O Êxodo tem na Intemperança sua virtude fundamental. A obrigação preliminar de obediência ao Estado não é descumprida por incontinência, mas em nome da interação sistemática entre Intelecto e Ação política. Toda defecção construtiva apela para a realidade aparente do *general intellect*, trazendo dela conseqüências práticas que colidem com as "leis civis". No recurso intemperante ao Intelecto-em-geral esboça-se, enfim, um *virtuosismo não servil*.

6. MULTIDÃO, *GENERAL INTELLECT*, REPÚBLICA

O contraste político decisivo é aquele que opõe a Multidão ao Povo. O conceito de "povo", expresso por Hobbes (mas também em grande parte pela tradição social-democrata), está estritamente correlacionado à existência do Estado, ou melhor, é uma reverberação dele: "O povo é *uno*, porque tem vontade *única*, e a ele se pode atribuir vontade *única*. O povo reina em qualquer Estado" e, reciprocamente, "o rei é povo".[17] A ladainha progressista sobre a "soberania popular" tem como contraponto amargo a identificação do povo com o soberano ou, se preferirmos, a popularidade do rei. A Multidão, ao contrário, abomina a unidade política, é recalcitrante quanto à obediência, não consegue nunca o *status* de pessoa jurídica e, portanto, não pode "prometer, fazer pactos, adquirir e transferir direitos". Ela é antiestatal, mas, exatamente por isso, também antipopular. "Os cidadãos, quando se rebelam contra o Estado, são a *multidão* contra o *povo*."[18]

Para os apologistas seiscentistas do poder soberano, "multidão" é um conceito-limite, puramente negativo: refluxo do estado de natureza na sociedade civil, detrito persistente e todavia informe, metáfora da crise possível. O pensamento liberal, depois, domesticou a inquietação provocada pelos "muitos" mediante a dicotomia público/privado; privada — no sentido literal do termo, de rosto e de voz, mas também no sentido jurídico, estranha à esfera das questões comuns — é a Multidão. Por sua vez, a teoria social-democrata brandiu a dupla coletivo/individual: enquanto a coletividade dos "produtores" (última encarnação do Povo) se identifica com o Estado, pouco importa se com um presidente "liberal" ou um "socialista", a Multidão fica confinada no recinto da experiência "individual" ou é condenada à impotência.

Esse destino de marginalidade existe até hoje. A Multidão, em lugar de construir um antecedente "natural", apresenta-se como um *resultado* histórico, uma linha de chegada madura das transformações que integram o processo produtivo e as formas de vida. Os Muitos irromperam em cena e lá permanecem como protagonistas absolutos, no momento em que se consuma a crise da sociedade de Trabalho. A cooperação social pós-fordista, derrogando não apenas o limite entre tempo de produção e tempo pessoal, como também a distinção entre qualidade profissional e aptidão política, cria uma nova espécie em cuja presença soam farsescas as dicotomias público/privado e coletivo/individual. Nem "produtores" nem "cidadãos", os *virtuosos* modernos ascendem enfim à categoria de Multidão.

Trata-se de um êxito duradouro, não de um interlúdio tumultuoso. E, de fato, a nova Multidão não é um vórtice de átomos *ainda* defeituosa em sua unidade, mas uma forma de existência política que se afirma *a partir de* um Uno radicalmente heterogêneo ao Estado: o Intelecto público. Os Muitos não fecham acordos, nem transferem direitos ao soberano, porque já dispõem de uma "partitura" comum: não convergem nunca em "*volonté générale*" porque já compartilham o *general intellect*.

6.1 A Multidão obstrui e desequilibra os mecanismos de representação política. Exprime-se como conjunto de "minorias agentes", nenhuma delas, porém, aspirante a se transformar em maioria. Desenvolve um *poder* refratário a tornar-se *governo*.

Fato é que cada um dos Muitos se torna inseparável da "presença alheia", inconcebível fora da cooperação lingüística ou agir-de-concerto que essa presença comporta. Mas, de modo diferente do tempo de trabalho individual ou do direito individual de cidadania, a cooperação não é uma "substância" que se possa extrapolar e modificar. Pode ser submetida, é verdade, mas não representada e nem mesmo delegada. A Multidão, que nesse agir-de-concerto tem seu próprio e exclusivo modo de ser, está infiltrada por todo tipo de capitão-do-mato e de não poucos Quisling, mas não dá crédito a dublês ou a testas-de-ferro.

Os Estados do Ocidente desenvolvido se conformam agora com a não-representabilidade política da força de trabalho pós-fordista; melhor até: fazem dela sua própria força e, a partir dela, trazem legitimação paradoxal à sua própria reestruturação autoritária. A crise compacta e irreversível da representatividade oferece a oportunidade de liquidar todos os simulacros residuais de "esfera pública"; para ampliar além da medida, como já foi dito, as prerrogativas da Administração, em detrimento do âmbito político-parlamentar; para tornar comum o estado de exceção. As reformas institucionais põem à disposição as regras e os procedimentos necessários para governar uma Multidão sobre a qual não se pode mais sobrepor a fisionomia tranqüilizante do Povo.

Interpretado a partir do Estado pós-keynesiano, o enfraquecimento estrutural da democracia representativa se mostra como um estreitamento tendencial da democracia *tout court*. É natural, todavia, que uma oposição a esse percurso, que se conduz em nome dos valores da representação, seja ineficaz e patética. Tão eficaz quanto pregar a castidade aos pássaros. A instância democrática coincide hoje com a experimentação de formas *de democracia não representativa e extraparlamentar*. O resto é petulante conversa-fiada.

6.2 A democracia da Multidão leva a sério o diagnóstico que Carl Schmitt propôs, não sem amargura, nos últimos anos de sua vida: "A época da estatização está enfim chegando ao seu final [...] O Estado como modelo da unidade política, o Estado como titular do mais extraordinário de todos os monopólios, isto é, o monopólio da decisão política, está prestes a ser destronado".[19] Com um acréscimo de grande importância: o monopólio da decisão só estará mesmo retirado ao Estado se deixar de ser, de uma vez por todas, um monopólio. A esfera pública do Intelecto, ou melhor, a República dos "muitos", é uma *força centrífuga*; isto é, exclui não apenas a permanência, mas também a reconstituição sob qualquer forma de um "corpo político" unitário. A conspiração republicana, para dar continuidade ao impulso antimonopolístico, encarna-se naqueles organismos democráticos que, sendo não representativos, impedem, justamente por isso, qualquer reedição da "unidade política".

É notório o desprezo de Hobbes pelos "sistemas políticos irregulares", cuja característica perturbadora é disfarçar a Multidão em meio ao Povo: "nada além de associações ou, às vezes, meras assembléias de gente desprovida de finalidade ou projeto particular, ou determinada por obrigações de uns para com os outros".[20] Pois bem, a República dos "muitos" consiste exatamente em institutos de tal gênero: *associações, conselhos, sovietes*. Contrariamente à opinião malévola de Hobbes, porém, não se trata por certo de aglomerações efêmeras de pessoas, cujo desenvolvimento deixa imperturbados os ritos da soberania. As associações, os conselhos, os sovietes — em suma, os órgãos da democracia não representativa — dão mais expressão política ao agir-de-concerto que, tendo por urdidura o *general intellect*, goza desde o princípio de *publicidade*, para todos os efeitos, bem diferente daquela que se acumula na pessoa do soberano. A esfera pública delineada pelas "associações" nas quais não vigoram as "obrigações de uns com os outros" determina a *solidão* do rei, ou seja, reduz o aparelho estatal a uma extremamente privada quadrilha, prepotente e, no entanto, marginal.

Os Sovietes da Multidão interferem de maneira bastante conflituosa com os aparelhos administrativos do Estado, a fim de lhes corroer as prerrogativas e de lhes absorver as competências. Traduzem em práxis republicana, ou seja, em preocupação pelas questões comuns, aqueles mesmos recursos básicos — conhecimentos, comunicação, relacionamento com a "presença alheia" — que têm lugar na produção pós-fordista. Emancipam a *cooperação virtuosística* da atual vinculação com o Trabalho assalariado, mostrando com ações positivas como uma excede e contradiz a outra.

À representação e ao mandato os Sovietes opõem um estilo operativo largamente mais complexo, centrado no *Exemplo* e na *reprodutibilidade política.* Exemplar é a iniciativa prática que, exibindo num caso particular a possível aliança entre *general intellect* e República, tem a autoridade do *protótipo* e não a normatividade do comando. A propósito da distribuição da renda ou da organização escolar, do funcionamento da *mídia* ou da limpeza urbana, os Sovietes elaboram ações paradigmáticas capazes de fazer faiscar uma nova combinação de conhecimentos, propensões éticas, técnicas, desejos. O Exemplo não é a aplicação empírica de um conceito universal, mas tem a singularidade e a completude qualitativa que, geralmente, falando da "vida da mente", atribuímos a uma *idéia.* Em poucas palavras, é "espécie" de um único indivíduo. Por isso, o Exemplo pode ser reproduzido politicamente, jamais transposto em um onívoro "programa geral".

7. DIREITO DE RESISTÊNCIA

A atrofia da Ação política teve por corolário a convicção de que não existe mais um "inimigo", mas apenas interlocutores incoerentes envolvidos no equívoco, cuja situação ainda não foi esclarecida. O abandono da noção de "inimizade", considerada muito áspera, ou ainda inconveniente, trai considerável otimismo: isto é, "nadar com a corrente" (é esta a censura que Walter Benjamin dirigiu à "social-democracia alemã nos anos 1930").[21] E pouco importa se a "corrente" bondosa assume, de vez em quando, nomes diferentes: a progressão, o desenvolvimento das forças produtivas, a individuação de uma forma de vida que escape da inautenticidade, o *general intellect*. Naturalmente, leva-se em consideração a possibilidade de que não se consiga de modo nenhum "nadar", ou seja, que não se saiba definir em termos claros e distintos em que consiste a política adequada a nosso tempo. Todavia, essa cautela não anula, mas corrobora, a persuasão fundamental: desde que se aprenda a "nadar", portanto desde que se reflita com cuidado sobre a liberdade possível, a "corrente" nos levará inexoravelmente adiante. Não se leva em conta, em vez disso, a interdição que instituições, interesses, forças materiais oponham ao nadador perspicaz; ignora-se a catástrofe que com freqüência acontece exatamente e apenas àquele que viu tinha razão. Mas há coisa pior: quem não se preocupa em definir a natureza específica do *inimigo* nem os lugares nos quais ele enraíza seu poder e quão mais estreitos são os vínculos que ele impõe não está nem mesmo em condições de indicar a instância positiva pela qual lutar nem qual o modo de ser alternativo que mereça esperança.

A teoria do Êxodo restitui todo o seu significado ao conceito de "inimizade", destacando, porém, os traços peculiares que ele assume quando "a época do estatismo chega ao fim". Como se manifesta a relação amigo/inimigo para a Multidão pós-fordista, que, se por um lado tende definitivamente a desagregrar o "supremo império", em contrapartida não está disposta a fazer de si mesma Estado?

7.1. Em primeiro lugar, deve ser reconhecida uma transformação *na geometria da hostilidade*. O "inimigo" não figura mais como reta paralela ou interface especular que se contrapõe, ponto por ponto, às trincheiras e às casamatas ocupadas pelos "amigos", mas como o segmento que intersecciona várias vezes uma linha de fuga sinuosa. E isso, antes de mais nada, porque os "amigos" evacuam os postos previsíveis, dando lugar a uma seqüência de *defecções construtivas*. Em termos militares, o "inimigo" contemporâneo está sempre imitando o exército do faraó: persegue os fugitivos, massacrando suas retaguardas, mas nunca consegue ultrapassá-los e confrontá-los. Ora, o próprio fato de a hostilidade se tornar *assimétrica* obriga a conferir destaque autônomo ao conceito de "amizade", resgatando-o do *status* subalterno e parasitário que lhe confere Carl Schmitt. Longe de ter como única característica compartilhar nosso mesmo "inimigo", nosso *amigo* é definido pelas relações de solidariedade que se estabelecem no curso da fuga, pela necessidade de inventar *juntos* oportunidades, até agora não computadas, pela participação comum na República. A "amizade" tem sempre uma extensão mais ampla que o "front", ao longo do qual o faraó desencadeia as suas incursões. Mas essa superabundância não implica absolutamente requintada indiferença por tudo que acontece na linha de fogo. Pelo contrário, a assimetria permite atacar pelas costas o "inimigo", confundindo e cegando aquele que se quer perder.

Em segundo lugar, é necessário determinar com cuidado qual seria, hoje, a *gradação da hostilidade*. Para obter um efeito de contraste, é útil recordar a distinção proverbial que Schmitt faz entre inimizade relativa e inimizade *absoluta*.[22] As guerras entre Estados na Europa do século XVIII foram circunscritas e reguladas por critérios agonísticos, e cada oponente reconhecia o outro como legítimo titular da soberania; reconhecia-o, portanto, como um sujeito de iguais prerrogativas. Tempos felizes, assegura Schmitt, mas irremediavelmente passados. Em nosso século, as revoluções proletárias eliminaram os freios e os remorsos à hostilidade, elevando a guerra civil à condição de modelo implícito de todos os conflitos. Quando o prêmio é o poder estatal, isto é a soberania, a inimizade torna-se *absoluta*. Mas ainda é possível confiar na escala Richter* elaborada por Schmitt? Talvez não, visto que ela ignora o movimento telúrico realmente decisivo: um gê-

*Virno está fazendo uma metáfora usando a escala de notação dos movimentos sísmicos para falar das teorias telúricas de R. Schmitt. (*N. do T.*)

nero de hostilidade que não pretende confiar a novas mãos o monopólio do poder decisório político, mas que reivindica a destituição desse mesmo poder.

O modelo da inimizade "absoluta" decai logo não porque seja extremista ou violento, mas, paradoxalmente, porque é muito pouco radical. A Multidão republicana, de fato, visa a destruir aquilo que, em si, se constitui como o cobiçado prêmio do vencedor. A guerra civil é perfeita apenas para os direitos de vingança étnica, nos quais ainda se decide *quem* deve ser o soberano, enquanto se mostra completamente incongruente para os conflitos que, minando a ordenação econômico-jurídica do Estado capitalista, colocam em dúvida a soberania como tal. As diversas "minorias agentes" multiplicam os centros não estatais de decisão política, sem por isso projetar a formação de uma nova *volonté générale* (ao contrário, destituindo-na de fundamento). Isso comporta a prevalência estável de um estado intermediário entre paz e guerra. Se o confronto a fim de garantir para si "o mais extraordinário de todos os monopólios" não prevê outra conclusão senão a total vitória ou a derrota total. Inversamente, a instância de maior radicalidade, ou seja, a *antimonopolística*, alterna a ruptura à negociação, a intransigência que não exclui nenhum instrumento aos compromissos necessários para retalhar zonas francas e desejos neutros. Nem "relativa" no sentido do *jus publicum europaeum*, que por um período moderou os conflitos entre Estados soberanos, nem "absoluta" no modelo das guerras civis, a inimizade da Multidão pode dizer-se eventual e ilimitadamente reativa.

7.2 A nova geometria e a nova gradação da hostilidade, longe de conciliarem a inermidade, exigem criteriosa redefinição do papel assumido pela violência na Ação política. Uma vez que o Êxodo é uma subtração *ousada*, o recurso à força não poderá mais ser mensurado pela conquista do poder estatal no país do faraó, mas pela salvaguarda das formas de vida e das relações comunitárias experimentadas ao longo do caminho. São as obras da "amizade" que merecem ser defendidas a qualquer custo. A violência não é estendida aos "amanhãs que se cantam", mas assegura respeito e persistência a tudo aquilo que se rascunhou ontem. Não inova, mas prolonga algo que já existe: expressões autônomas do agir-de-acordo embasado no *general intellect*, organismos de democracia não representativa, formas de assistência e de proteção recíproca (de *welfare*, em suma) surgidas fora e contra a Administração do Estado. Trata-se, portanto, de uma *violência conservadora*.

Aos conflitos extremos da metrópole pós-fordista molda-se bem uma categoria política pré-moderna: o *jus resistentiae*, o Direito de Resistência. Com tal locução, na jurisprudência medieval, não se fazia referência, na realidade, à faculdade óbvia de se defenderem se agredidos, nem mesmo, porém, a uma sublevação geral contra o poder constituído: é bem definida a linha divisória em relação à *seditio* e à *ribellio*. O Direito de Resistência tem significado muito específico e muito sutil. Autoriza o exercício da violência sempre que uma corporação de artesãos ou toda a comunidade, ou mesmo os cidadãos individualmente, vejam alteradas pelo poder central certas *prerrogativas positivas* suas, adquiridas de fato ou válidas por tradição. O ponto saliente está, por conseguinte, em preservar uma transformação já acontecida, em sancionar um modo comum de ser que já sobressai com ênfase. Estritamente correlacionado à Desobediência radical e à virtude da Intemperança, o *jus resistentiae* soa, hoje, como a última e a mais atualizada palavra em termos de "legalidade" e "ilegalidade". A fundação da República, descartando-se a perspectiva da guerra civil, postula, porém, um ilimitado Direito de Resistência.

8. ESPERADO IMPREVISTO

Trabalho, Ação, Intelecto: sobre o modelo de uma tradição que remonta a Aristóteles e que ainda teve valor como *common sense* para a geração que chegou à política nos anos 1960, Hannah Arendt separa com clareza essas três esferas da experiência humana, mostrando a incomensurabilidade sua recíproca. Embora adjacentes, e até mesmo sobrepostos, os diversos âmbitos são essencialmente desvinculados. Melhor ainda, excluem-se uns aos outros: enquanto se faz política, não se produz nem se está absorvido na contemplação intelectual; quando se trabalha, não se age politicamente, expondo-se à presença alheia, nem se toma parte da "vida da mente"; quem se dedica à reflexão pura, se retira provisoriamente do mundo das aparências e, portanto, não age nem produz. A cada um o que é seu, parece dizer a autora de *Vita Activa*, e cada um por si. Para tanto, quando reivindica com admirável paixão o valor específico da Ação política, batendo-se contra seu encolhimento na sociedade de massa, Arendt pressupõe que outras duas esferas fundamentais, Trabalho e Intelecto, tenham permanecido imutáveis no que diz respeito à estrutura qualitativa. O Trabalho certamente se estendeu além da medida; o pensamento certamente conhece a penúria e a derrota: todavia, trata-se sempre de uma troca orgânica com a natureza, metabolismo social, produção de novos objetos, e isso ainda é uma atividade solitária, em si estranha ao cuidado das questões comuns.

Como de resto é evidente, o discurso aqui iniciado opõe-se radicalmente não só ao esquema conceitual proposto por Arendt, como também à tradição na qual ele se inspira. Recapitulemos brevemente. A decadência da Ação depende das modificações qualitativas participantes, seja na esfera do Trabalho ou na do Intelecto, desde que se estabeleceu uma férrea intimidade entre elas. Juntamente com o Trabalho, o Intelecto (como postura ou *faculdade*, não mais enquanto repertório de conhecimentos especiais) torna-se *público*, aparente, mundano; isto é, aparece em primeiro plano sua natureza de recurso compartilhado ou de bem comum. Reciprocamente, quando a potência do *general intellect* constitui o principal pilar da produção social, o Trabalho toma o aspecto de atividade-sem-obra, assemelhando-se totalmente àquelas *prestações virtuosísticas* que precisam da relação com a "presença alheia". Mas o que é virtuosismo senão um traço característico da ação política? É preciso concluir, para tanto, que a produção pós-fordista absorveu em si as típicas modalidades da Ação e, exatamente por isso, decretou seu eclipse. Essa metamorfose, decerto, não tem nada de emancipativo: no âmbito do Trabalho assalariado, a relação virtuosística com a "presença alheia" se traduz em *dependência pessoal*; a atividade-sem-obra, que também lembra de perto a práxis política, reduz-se ao moderníssimo *trabalho servil*.

Na segunda parte deste texto sustentou-se que a Ação política conhece a sua remissão lá onde se coaliza ao Intelecto público (lá onde, portanto, tal intelecto esteja desvinculado do Trabalho assalariado e, ainda, nele se embase a crítica com o garbo de um ácido corrosivo). A Ação consiste, por último, em articular o *general intellect* como esfera pública não estatal, âmbito das questões comuns, República. O Êxodo, no curso do qual se realiza a nova aliança entre Intelecto e Ação, tem algumas estrelas fixas em seu próprio céu: Desobediência radical, Intemperança, Multidão, Soviete, Exemplo, Direito de Resistência. Essas categorias aludem a uma teoria política que ainda está por vir, que saiba afrontar a crise européia de fim de século, projetando uma solução radicalmente anti-hobbesiana.

8.1. A Ação política, afirma Arendt, é um novo início que interrompe e contradiz processos automáticos já consolidados. A ação tem, portanto, algo *do milagre*, já que é tanto inesperada quanto surpreendente.[23] Ora, concluindo, vale a pena se perguntar se a teoria do Êxodo, em relação a todo o resto irreconciliável com a posição de Arendt, não seria pertinente, porém, ao tema do Milagre.

Trata-se, bem entendido, de um tema recorrente no grande pensamento político, sobretudo no pensamento reacionário. Para Hobbes, é o soberano que decide quais eventos merecem estar na categoria dos milagres, ou seja, transcendem as leis ordinárias. Em contrapartida, os milagres cessam tão logo o soberano os proíba.[24] Schmitt, como se sabe, coloca-se nessa mesma linha quando identifica o núcleo do poder político na possibilidade de proclamar o estado de exceção suspendendo o ordenamento constitucional: "O estado de exceção tem para a jurisprudência significado análogo ao do milagre para a teologia."[25] O radicalismo democrático de Spinoza contesta, por sua vez, o valor teológico-político da exceção miraculosa. Há, todavia, um desdobramento ambivalente em sua argumentação. De fato, segundo Spinoza, o milagre, diferentemente das leis universais da natureza que Deus se faz Um, exprime só uma "potência limitada", ou seja, é algo de especificamente humano: ele, em vez de consolidar a fé, nos faz até "duvidar de Deus e de todas as coisas", predispondo, assim, ao ateísmo.[26] Mas não são exatamente estes — potência apenas humana, dúvida radical sobre o poder constituído, ateísmo político — alguns dos traços que definem a ação antiestatal da Multidão?

Em geral, o fato de que Hobbes e Schmitt reservem o Milagre para o soberano não significa, de modo algum, que eles neguem a conexão entre Ação e Milagre: ao contrário, de certo modo a confirma. Para esses autores, de fato, apenas o soberano age politicamente. O ponto não está, portanto, em negar a importância do estado de exceção em nome de uma crítica à soberania, mas em compreender a forma que ele pode assumir, uma vez que a Ação política tenha passado às mãos dos Muitos. Insurreições, deserções, invenções de novos organismos democráticos, aplicação do princípio do *tertium datur*: eis os Milagres da Multidão, aqueles que não cessam quando o soberano os proíbe.

Diversamente do que afirma Arendt, a exceção miraculosa não é, todavia, um "evento" indizível privado de raízes e totalmente imponderável. Uma vez que surge dentro do campo magnético definido pelas relações mutáveis da Ação com o Trabalho e com o Intelecto, o Milagre é mais um *esperado imprevisto*. Como acontece com todo oxímoro, os dois termos estão em recíproca tensão, mas são inseparáveis. Se o que estivesse em questão fosse apenas "imprevisto" salvífico ou previdente "espera", dever-se-ia lidar com a mais insignificante casualidade ou com um cálculo banal da relação entre meios e fins, respectivamente. Trata-se, porém, de exceção que surpreende especialmente quem a esperava; de anomalia tão preciosa e potente, que coloca fora do jogo a bússola conceitual que havia determinado com precisão seu local de surgimento; de discrepância entre causas e efeitos da qual se pode sempre colher a causa sem que por isso seja atenuado seu efeito inovador.

Enfim, é exatamente o retorno explícito a um *esperado imprevisto*, ou seja, a exibição de uma incompletude necessária, que constitui o ponto de honra de toda a teoria política que desdenha a benevolência do soberano.

Notas

1. KARL MARX, *Lineamenti fondamentali della critica dell'economia politica*, edição italiana organizada por Enzo Grillo, 2 vol., La Nuova Italia, Firenze, 1968-70, vol. II, p. 403. Eis o trecho: "O desenvolvimento do capital fixo mostra até que ponto o saber social geral, *knowledge*, tornou-se força produtiva imediata, e, conseqüentemente, as condições do próprio processo vital da sociedade passaram ao controle do *general intellect* e foram remodeladas em conformidade a ele; até que ponto as forças produtivas sociais são produzidas não apenas na forma do saber, mas como órgãos imediatos da práxis social, do processo de vida real."
2. HANNAH ARENDT, *Vita activa. La condizione umana*, tradução italiana de Sergio Finzi, introdução de Alessandro Dal Lago, Bompiani, Milão, 1989, parágrafo 31, "A tradicional substituição do fazer pelo agir".
3. K. MARX, *O capital*: Livro I, Capítulo VI, inédito, edição italiana organizada por Bruno Maffi, La Nuova Italia, Firenze 1969, p. 83.
4. *Ivi*, p. 80.
5. ARISTÓTELES, *Etica nicomachea*, VI,1139b.
6. H. ARENDT, *Che cos'é la libertà?*, in ID, *Tra passato e futuro*, tradução italiana de Tania Gargiulo, introdução de Alessandro Dal Lago, Garzanti, Milão, 1991, p. 206.
7. Que o virtuosismo tenha analogia estrutural com a ação política, torna-se claro tão logo se preste atenção ao caso de Glenn Gould.

Torna-se claro *ex negativo*. De fato, Gould foi pianista excelente que, porém, nunca suportou um aspecto essencial de sua atividade: a exposição ao público, a contingência e a labilidade do concerto em público. Ele procurou desesperadamente libertar o virtuosismo da sua condição política intrínseca. Renunciou às exibições, declarando literalmente de estar cansado da... *vida activa* (antiga expressão com que, aliás, se designaria a participação no domínio dos negócios da comunidade, a política). O mais interessante é que, desejando uma espécie de *virtuosismo impolítico*, Gould se viu obrigado a conceber sub-repticiamente suas interpretações como uma *obra*. Recusa do imprevisível e do contingente intrínsecos à política, *portanto* necessidade de ancorar a própria práxis em um produto extrínseco e duradouro. Foi assim que Gould se refugiou nos estúdios de gravação, confiando-se à reprodutibilidade técnica, convencido de que a gravação solitária de discos constituía pelo menos um subproduto daquela *vida apolítica*, à qual, em contraste frontal com sua natureza virtuosa, ele ambicionava. Sobre Gould, cfr. MICHEL SCHNEIDER, *Glenn Gould,Piano solo. Aria et trente variations,* Gallimard, Paris 1989.

8. KARL MARX, *Lineamenti fondamentali...,* cit., vol. II, p. 401.
9. *Idem, ibidem.*
10. Um grande escritor italiano, Luciano Bianciardi, em seu romance *La vita agra* (Rizzoli, Milão, 1962), descreve assim o trabalho na indústria cultural no final dos anos 1950:

"E me despediram só porque arrasto os pés, me movo lentamente, olho em volta mesmo quando não é indispensável. Na nossa ocupação, ao contrário, é preciso levantar bem os pés e batê-los no chão com força, fazendo muito barulho; é preciso mover-se, andar o tempo todo, levantar poeira, uma nuvem de poeira se possível. E depois esconder-se dentro dela.

Não é como ser camponês ou operário. O camponês se move devagar, porque seu trabalho segue as estações; ele não pode semear em julho e colher em fevereiro. O operário se move rapidamente, mas está preso à linha de montagem, porque é ali que estão computando seu tempo de produção, e se ele não andar no ritmo, então está em apuros [...] Mas o fato é que o camponês pertence às atividades primárias, e o operário, às secundárias. Um produz a partir do nada, o outro transforma uma coisa em outra. A medida de valoração, para o operário e para o camponês, é fácil, quantitativa: se a fábrica tira do forno tantas peças por hora, se a propriedade rende.

Nos nossos ofícios é tudo diferente, não há medida de valoração quantitativa. Como se mede a competência de um padre, de um publicitário, de um PRM? *Eles não produzem a partir do nada, nem transformam.* Não são nem primários, nem secundários. São terciários, e eu ousaria dizer [...] até mesmo quaternários. Não são instrumentos de produção e nem mesmo correias de transmissão. São lubrificantes — no máximo, vaselina pura. Como se pode estimar o valor de um padre, de um publicitário, de um PRM? Como se faz para calcular a quantidade de fé, de desejo de compra, de simpatia que eles conseguirão despertar nos outros? Não, não temos outra medida a não ser a capacidade de cada um de permanecer na superfície, e de subir mais alto; em suma, de tornar-se bispo. Em outras palavras, para quem escolhe uma profissão terciária ou quaternária é preciso *dotes e posturas do tipo político*. A política, como todos sabem, já deixou há muito de ser a ciência do bom governo e tornou-se, em vez disso, a arte da conquista e da conservação do poder. Assim, a qualidade de um homem político não se mede pelo bem que ele consegue fazer aos outros, mas pela rapidez com que chega ao vértice e pelo tempo que lá se mantém. Do mesmo modo, nas profissões terciárias e quaternárias, *não existindo nenhuma produção visível de bens que possa ser usada como medida, o critério será aquele*" (grifo meu).

Nesse trecho está contida uma formidável intuição. Por um lado, Bianciardi observa que as novas e extravagantes profissões ligadas à comunicação não dão lugar a um produto tangível, não comportam êxito mercadologicamente definido. Por outro, julga que as funções da indústria cultural exigem "dotes e posturas do tipo político". O ponto decisivo está, porém, na individuação de um nexo intrínseco entre os dois aspectos, ou melhor, de uma autêntica relação causal: exatamente *porque* falta uma "obra" dotada de vida autônoma (que possa ser valorada em termos quantitativos), o comportamento laboral se parece com a *práxis* pública, com a Ação. Quando não se fabricam novos objetos, mas situações comunicativas, então começa o reino da política.

A descrição tem, sem dúvida, inflexão ultrapassada. Os ofícios "terciários e quaternários" são vistos ainda como inaturais e parasitários, e só com muito esforço merecem o nome de "trabalho". A indústria cultural figura como cômica exceção à regra, que, todavia, ainda é ditada pela fábrica tradicional. Além disso, a noção de política evocada pelo romancista é muito superficial e polêmica: passar por cima dos outros, subjugação, desejo cego pelo poder. Resta o fato de que, contudo, a política do trabalho tem por eixo a ausência de "uma obra". E esse é um resultado que conta muito, cujo valor se fortalece quando o que há um tempo era exceção agora se torna a nova regra, ou seja, quando a simbiose entre trabalho e comunicação constitui traço recorrente e invasivo de *todo* o processo produtivo (incluídos trabalhos "primários" e "secundários", para dizê-lo como Bianciardi).

11. Vale a pena se perguntar que relação existe entre as características peculiares da indústria cultural (da qual fala, entre outros, Bianciardi em *La vita agra,* cfr. nota 10) e o pós-fordismo *em geral.* Como se sabe, de Adorno e Horkheimer em diante, as "fábricas da alma" (imprensa, cinema, rádio, televisão etc.) foram perscrutadas com o microscópio da crítica, que nelas procurou tudo aquilo que as equiparasse à linha de montagem. O ponto crucial foi mostrar que o capitalismo era capaz de mecanizar e setorizar a produção espiritual, exatamente como fizera com a agricultura ou o processamento de metais. Serialidade, insignificância da tarefa

em si, econometria das emoções e dos sentimentos: eis os refrões habituais. Admitia-se que alguns aspectos daquela que poderíamos definir como a "produção de comunicação por um meio de comunicação" tornavam-se refratários a uma completa assimilação pela organização fordista do processo de trabalho: mas justamente aí tinha-se como resíduos não influentes distúrbios modestos, pequenas escórias. Observando, porém, as coisas com olhos de hoje, não é difícil reconhecer que tais "resíduos" e tais "escórias" estavam, em vez disso, carregados de futuro: não eram apenas ecos de uma época anterior, mas verdadeiros *presságios*. Em poucas palavras: a informalidade da ação comunicativa, a interação competitiva típica de uma reunião de redação, a vibração do imprevisto que pode animar um programa de televisão, em geral tudo aquilo que seria *antifuncional* enrijecer e regulamentar, além de um certo limite no interior da indústria cultural, tornou-se agora, no período pós-fordista, o núcleo central e propulsor de toda a produção social. Poder-se-ia perguntar, nesse sentido, se o "toyotismo" não consiste, pelo menos em parte, na aplicação às fábricas de bens de consumo duráveis dos módulos operativos que antes eram atinentes apenas à industria cultural. Talvez o sucessor sociológico de *La vita agra* possa ser encontrado, com um pouco de sorte, no livro de Benjamin Coriat sobre o modo de produção japonês. (*Penser à l'envers,* Paris 1990).

12. Não se deixe enganar por alguma dissonância superficial: aquilo que se disse há pouco, coloca-se como antípoda da tese de André Gorz (cfr. *Métamorphoses du travail. Quête du sens. Critique de la raison économique,* Editions Galilée, Paris, 1988). Para ele, haveria um crescimento importante dos empregos servis ao lado dos empregos "centrais". Nela se diz que são os mesmos empregos industriais que adotam aparência servil em sua execução concreta. Com um comentário espirituoso: mais que o aumento do número de domésticas, conta a "domestificação" do conjunto das atividades virtuosísticas-comunicativas.

13. THOMAS HOBBES, *De Cive,* XIV, 21.
14. Cfr. ALBERT O. HIRSCHMAN, *Lealtà defezione protesta,* tradução italiana de Lucio Trevisan, Bompiani, Milão, 1982.
15. No último capítulo do primeiro livro de O *capital*, intitulado "A moderna teoria da colonização", Marx discute a "fronteira" norte-americana e sua importância econômico-política. Ele escreve: "Lá, a população absoluta cresce muito mais rapidamente do que na pátria-mãe, porque muitos operários entram em cena já maduros, e, no entanto, o mercado de trabalho está sempre abaixo de suas necessidades. A lei da oferta e da procura de trabalho está se esfacelando. De um lado, o velho mundo joga continuamente nas colônias capital desejoso de ser usufruído, necessitado de renúncia; por outro lado, a reprodução regular do operário assalariado como operário assalariado choca-se contra obstáculos muito bruscos e em parte insuperáveis. Muito pior do que em qualquer outro período para a produção dos operários assalariados em excesso, em proporção à acumulação do capital! Essa transformação constante dos assalariados em produtores independentes repercute prejudicialmente [...] Não apenas o grau de aproveitamento do operário assalariado se mantém indecentemente baixo; mais ainda: o operário perde, junto com a relação de dependência, também o sentido de dependência de capitalista habituado à abstinência."
16. ARISTÓTELES, *Etica nicomachea,* VII, 1147 a 25-b20.
17. THOMAS HOBBES, *De Cive,* XII, 8. Sobre o conceito de multidão, cfr. também VI, 1, Nota.
18. *Idem, ibidem.*
19. CARL SCHMITT, *"Premissa"* de 1963 a O *conceito* de "*politico*" (1932), in ID, *As categorias do "politico"*, organizado por Gianfranco Miglio e Pierangelo Schiera, Il Mulino, Bologna, 1972, p. 90.
20. T. HOBBES, O *Leviatã,* XXII. Edição italiana organizada por Arrigo Pacchi, Laterza, Bari, 1989, p. 197.

21. WALTER BENJAMIN, *Tesi di filosofia della storia* (tese XI), *in ID, Angelus Novus,* organizado por Renato Solmi, Einaudi, Torino, 1962
22. C. SCHMITT, *O conceito de "politico"*, *op. cit.*, "Corolário 2: sobre a relação intercorrente entre os conceitos de guerra e inimigo (1938)". Além disso, cfr. ID, *Teoria do partigiano. Notas complementares ao conceito de político,* tradução italiana de Antonio de Martinis, Il Saggiatore, Milão, 1981.
23. H. ARENDT, *Que cos'é la libertà?*, *op. cit.*, pp. 223-25.
24. T. HOBBES, *O Leviatã,* XXXVII.
25. C. SCHMITT, *Teologia política,* in *Le cattegorie...*, *op. cit.*, p. 61.
26. BARUCH SPINOZA, *Tratado teológico-político,* VI, edição italiana organizada por Sante Casellato, La Nuova Italia, Firenze, 1971, em particular pp. 114-15.

O texto deste livro foi composto em Sabon, desenho tipográfico de Jan Tschichold de 1964 baseado nos estudos de Claude Garamond e Jacques Sabon no século XVI, em corpo 11/15. Para títulos e destaques, foi utilizada a tipografia Frutiger, desenhada por Adrian Frutiger em 1975.

A impressão se deu sobre papel off-white 80g/m² pelo Sistema Cameron da Divisão Gráfica da Distribuidora Record.